Wunderbar wanderbar
mit der Bahn

ISBN 3-901761-09-8

1070 Wien, Schottenfeldgasse 24

Photos: Alfred Kölbel
Coverphotos: Österreich Werbung, Johannes Zinner
Graphische Gestaltung: Elisabeth Waidhofer
Wegskizzen: Käthe Kölbel
Lektorat: Marianne Grogger
Produktion: Alexander Jobst
Reproduktion: Color Scan, 1190 Wien
Druck: Druck- und Verlagsanstalt Gutenberg, 2700 Wr. Neustadt

Alfred Kölbel

Wunderbar wanderbar mit der Bahn

Mit den Bundesbahnen zu den schönsten Wanderzielen

ECHO Verlag

Inhalt

Bahn frei fürs Wandern!

War das eine schöne Wanderung! Sie kennen sicherlich diesen erhebenden Moment am Ende einer gelungenen Tour. Sie wollen dieses Gefühl nicht missen. Ebenso wenig die Erinnerung an eine schöne Klamm, eine weite Alm oder an einen unvergeßlichen Rundblick.

Voller Freude blicken Sie zurück auf einen langen Tag, auf den Moment des morgendlichen Erwachens. Der Rucksack war schnell gepackt: wichtige Utensilien wie Regenschutz, Sonnencreme, Wanderführer – und Ihre Bahnkarte. Denn Sie wissen: Der Genuß beginnt nicht beim Ausgangspunkt der Wanderung, nicht auf dem Parkplatz des Autos, sondern bereits viel früher: beim Einsteigen in den Zug. Noch zu Hause hatten Sie die Stauwarnungen im Radio ganz entspannt gehört. Kein Problem für Sie, denn Sie haben sich ja für die Schiene und gegen möglichen Streß auf der Straße entschieden. Für Sie beginnt die Erholung bereits in der Bahn. Entspannt zurückgelehnt, steigern Sie die Vorfreude, indem Sie in Ihrem Wanderführer blättern. Dazwischen der eine oder andere Blick aus dem Fenster, auf die sich langsam verändernde Landschaft. Die ideale Einstimmung auf einen Tag inmitten unserer Natur. Ab und zu schauen Sie hinüber auf die Straße. Ziemlich viel los heute, registrieren Sie. Und ein lockeres Lächeln überzieht Ihr Gesicht. Sie plaudern ein wenig oder versinken einfach in Gedanken.

Sie sind froh, in der Bahn zu sitzen. Denn nur auf diese Weise können Sie in Ihrer Ausflugsplanung flexibel sein. Wären Sie mit dem Auto unterwegs, käme nur eine Rundwanderung in Frage, um wieder zum Parkplatz zurückzugelangen. So aber sind Sie ungebunden und können sich für eine Streckenwanderung von A nach B – sozusagen das Tüpfelchen auf dem i – entscheiden. Auch die beliebten Überschreitungen von Gebirgskämmen stehen Ihnen offen. Mit der Bahn haben Sie eben alle Freiheiten.

Dieses Buch stellt die Weichen zu den schönsten Wanderzielen Österreichs, die mit den ÖBB erreichbar sind. Ihr ganz persönlicher Wanderführer bietet nicht nur Wissenswertes zu ausgewählten Touren, sondern auch historische Einblicke in die

Erschließung unserer Heimat durch die Bahn. Diese Geschichten mit Geschichte sind Unterhaltung und Information in einem – der Stoff, aus dem die Wandererträume sind. Sie zeigen, welch große Rolle die Bahn bei der Erschließung der schönsten Gegenden Österreichs gespielt hat. Sie macht Lust auf Natur. Auf anspruchsvolle Anstiege und entspannende Wege, auf anstrengende Passagen und auf die erholsame Rast in romantischen Hütten.

Österreich hat viele lohnende Landschaften, die sich am besten auf Schusters Rappen erleben lassen. Auf diese Weise sind Sie eins mit der Natur, genießen den Tag in vollen Zügen. Im Rucksack haben Sie noch immer Utensilien wie Regenschutz, Sonnencreme, Wanderführer – und natürlich Ihre Bahnkarte für die Rückfahrt. Sie ist Ihr Ticket für die angenehme Rückreise nach einem langen, erfüllten Tag.

Wenn Sie dann abends im Zug sitzen und Ihren Füßen die wohlverdiente Ruhe gönnen, dann macht sich Ruhe breit. Und Freude über das Erlebte. Es waren schöne Stunden, die einen guten Abschluß finden. Und Sie denken bereits voraus. Planen Ihren nächsten Ausflug. Und freuen sich schon darauf. Denn: Zug fährt ab – aufs Wandern!

DI Fritz Proksch
ÖBB-Vorstandsdirektor

Alles einsteigen ...!

Wandern zählt neben Schwimmen und Skifahren zu den beliebtesten Freizeitbeschäftigungen des Österreichers. Dies haben die Demoskopen ermittelt und glaubhaft dargelegt. Da die meisten mit dem Auto anreisen, finden Rundtouren, bei denen man wieder zum Ausgangspunkt zurückkommt, den größten Anklang. Die Streckenwanderung – das Tüpfelchen auf dem i sozusagen – kommt ein wenig zu kurz.

Was sehr schade ist, denn allein schon die Anfahrt mit der Bahn verleiht einem Ausflug einen ganz eigenartigen Reiz; ganz abgesehen davon, daß man sich nicht mit Mißlichkeiten wie der Straßenverkehrsordnung oder einem vom Temporausch besessenen Autorowdy auseinandersetzen muß.

Manche der Schönheiten unserer Heimat lassen sich nur erleben und erwandern, wenn man die Bahn zu Hilfe nimmt, um die Entfernung vom Ausgangs- zum Endpunkt der Tour zu überbrücken. Auch die einst – völlig zu Recht – so gelobten Überschreitungen sind dann kein Problem.

Also: Alles einsteigen – Zug fährt ab!

Bollwerk über der Westbahn

Von Rekawinkel über den Buchberg nach Neulengbach

Charakteristik:	nicht beschwerlich, aber lohnend; das ganze Jahr über
Gesamtgehzeit:	rund 3½ Stunden
Höhendifferenz:	im Aufstieg unter 200 m, im Abstieg 250 m
Für die Rast:	Gasthaus Pepi Tant
Ausgangsstation:	Rekawinkel (Fahrplanbild 10)
Zielstation:	Neulengbach-Markt (Fahrplanbild 10)
Karte:	Freytag-Berndt-Wienerwald-Atlas

Vom Buchberg bei Neulengbach übersieht man das herrlichste Felderland, das ich kenne" schrieb im Jahre 1911 der Maler Egon Schiele, dem man sicherlich einen Blick für die Schönheiten der Landschaft zutrauen kann. Bis zur Zwischenkriegszeit gab es auf dem kleinen Gipfelplateau sogar eine Aussichtswarte, die nach einem Brand nicht mehr erneuert wurde. Trotzdem ist die Fernsicht von diesem Wienerwald-Gupf an klaren Tagen sehr beeindruckend, denn sie reicht bis zu den Kalkalpen.

Man muß nicht gerade ein Archäologe sein, um zu erkennen, daß der Buchberggipfel einst von einem ausgedehnten Wallsystem umgeben war; auch der Name Burgstall deutet auf solches hin. Jedenfalls grub man dort Werkzeuge und Geräte der Bronzezeit aus der Erde; bei der auf dem Hang liegenden Laurentiuskirche hatten die Römer einen Friedhof.

Beim Ansturm der Türken im Jahre 1683 sollte das Kreidfeuer auf der Erhebung die Bevölkerung vor der Gefahr warnen, der Holzstoß wurde aber nicht rechtzeitig angezündet; angeblich weil man erst das Brennmaterial holen mußte. Noch 1809 flüchteten die Menschen aus Neulengbach vor den Franzosen auf den Buchberg.

Manche Experten sind der Ansicht, daß die Spuren der Befestigungen aus dem 10. Jahrhundert stammen. Man weiß zwar, daß 991 Herzog Heinrich der Zänker einen bedeutenden Sieg über die Ungarn errungen hat, nicht aber, wo genau diese Auseinandersetzung stattfand, welche die Magyaren zum Rückzug aus dem westlichen Wienerwald zwang. Es spricht einiges dafür, daß man die Schlacht am Fuße des Buchberges ausgetragen hat, der später – um einer Bedrohung durch die Ungarn zu begegnen – in ein System von Bollwerken einbezogen wurde.

Wahrscheinlich errichtete man die über dem Dorf Haag bei Markersdorf liegende Laurentiuskirche zur Erinnerung an das blutige Ereignis von 991. Historisch exakt läßt sich das nicht mehr feststellen. Das Gotteshaus ist eine der seltenen romanischen Rundkirchen, wie es sie in Niederösterreich nur noch zweimal gibt, nämlich in Scheiblingkirchen in der Buckligen Welt und in Petronell, östlich von Wien. Sie ist auf jeden Fall eine Besichtigung wert.

Das einstige Wirtshaus auf dem Buchberggipfel hat einem privaten Wohnhaus Platz gemacht; trotzdem sollte man die Kuppe schon wegen der prachtvollen Fernsicht nicht auslassen. Auch von der Laurenzikirche hat man eine sehr schöne Sicht zum Haspelwald und in das Tal der Großen Tulln, die dort aus den Bergen in die Ebene eintritt.

Die Wanderung über den Höhenzug nördlich der Westbahn bietet naturgemäß keinerlei Schwierigkeiten. Wenn man sich die Muße nimmt, diesen Teil des Wienerwalds offenen Auges zu durchstreifen, und sich ein bißchen mit der höchst interessanten Vergangenheit des Bereichs beschäftigt, dann kann auch eine Tour auf den Buchberg zu einem Erlebnis werden.

Buchberge gibt es übrigens mehrere im Wienerwald und in den Voralpen; der schönste und attraktivste ist zweifellos jener bei Neulengbach. Egon Schiele hatte mit seiner Aussage recht.

Die Route:

Die blaue Markierung zum Buchberg beginnt beim Bahnhof Rekawinkel. Durch die Forsthaus- und Rittersteigstraße erreicht man den Ortsrand und wandert gemütlich über die Finsterleiten nach Nordwesten. Man gelangt zu einer Straße, der man nach links bis zum Gasthaus Pepi Tant folgt. Dann wendet sich die Markierung nach rechts; bald muß man wieder ein Stück auf der – kaum befahrenen – Straße marschieren, ehe man auf die gelbe Markierung zum Gipfel des Buchbergs einschwenkt. Gehzeit ab Rekawinkel 2½ Stunden.

Nun zurück entlang der gelben Markierung und dann nach rechts auf eine blaue Markierung zur Laurenzikirche. Gehzeit etwa eine Viertelstunde.

Blau und später rot markiert ist der weitere Weg nach Neulengbach und zur Haltestelle Neulengbach-Markt, die man nach etwa einer Dreiviertelstunde erreicht.

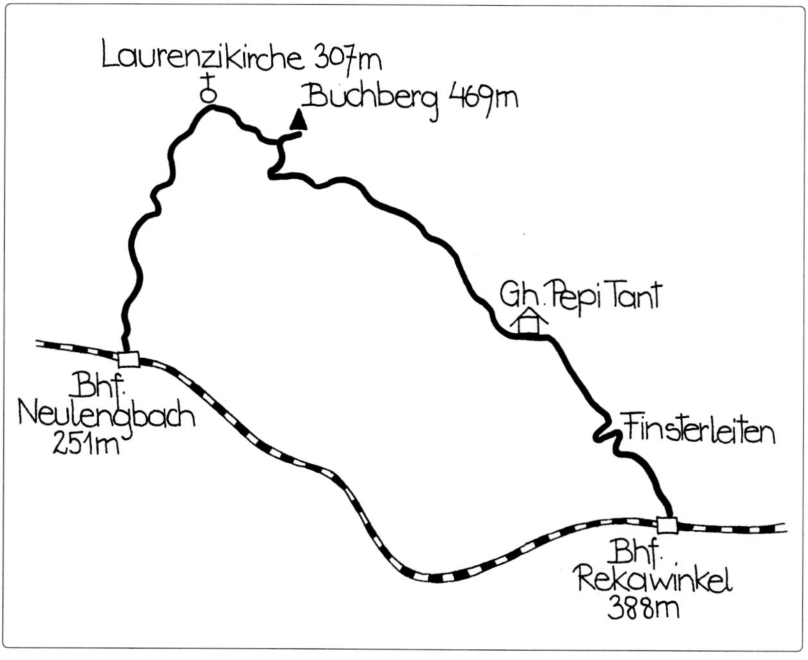

Auf einem alten Höhenweg

Von Eichgraben über den Kohlreitberg nach Maria Anzbach

Charakteristik:	leicht, mit historischen Aspekten; das ganze Jahr über
Gesamtgehzeit:	rund 3 Stunden
Höhendifferenz:	300 bis 350 m
Für die Rast:	kein Stützpunkt
Ausgangsstation:	Eichgraben-Altlengbach (Fahrplanbild 10)
Zielstation:	Maria Anzbach (Fahrplanbild 10)
Karte:	Bundesamtskarte, Blatt 57 (Neulengbach); Freytag-Berndt-Wienerwald-Atlas

Ganz geklärt hat man es nie, warum und in welcher Weise die im Wienerwald und in den Voralpen so häufigen – und meist auch von Sagen und unheimlichen Geschichten umrankten – Roten Kreuze vielfach mit heidnischen Kultstätten und alten Straßenzügen in Verbindung stehen. Tatsache jedoch bleibt, daß ein Rotes Kreuz – selbst wenn es anders gefärbelt ist – meist etwas Besonderes anzeigt und vor allem zu nächtlicher Stunde von den Leuten gemieden wird, weil ihnen die Umgebung nicht ganz geheuer vorkommt. Nicht selten markiert ein Rotes Kreuz auch eine Richtstätte oder den Ort eines Unglücks.

Der zwischen Westbahn und Westautobahn gelegene Kohlreitberg macht da keine

Ausnahme. Nahe dem sich dort befindenden Roten Kreuz gibt es nämlich eine aus elf Hügelgräbern bestehende „Nekropole“, die aus dem ersten und zweiten nachchristlichen Jahrhundert stammt. Bestattet wurden Angehörige der bodenständigen illyrisch-keltischen Bevölkerung. Die Grabräuber, welche die Tumuli – der Zeitpunkt der Missetat läßt sich nicht feststellen – plünderten, dürften mit nur geringer Beute abgezogen sein, ihre Spuren aber sind heute noch unverkennbar. Unweit des Roten Kreuzes, in Götzwiesen, hat man um die Wende zum 20. Jahrhundert einige Hügelgräber geöffnet und die archäologischen Funde in das Museum von Neulengbach gebracht, wo sie in den Wirren der letzten Tage des Zweiten Weltkrieges verlorengingen.

Zur Römerzeit verlief über den Kohlreitberg eines Straße. Man verlegte damals die Verkehrsrouten auf die leichter zu verteidigenden Höhen und weit weg von den sumpfigen und immer wieder durch Überschwemmungen gefährdeten Tälern. Die Flüsse und Bäche führten in früheren Zeiten wesentlich mehr Wasser als in der Gegenwart.

Wie wichtig oder frequentiert der Kohlreitberg einst war, läßt sich kaum mehr feststellen; heute jedenfalls fristet er ein Aschenbrödeldasein unter den Wanderzielen. Die Aussichtswarte auf seinem höchsten Punkt existiert schon lange nicht mehr, die Wirtshäuser haben zugesperrt. Trotzdem bietet sich eine Tour auf diesen interessanten Höhenzug – mit historischem Hintergrund – an. Man braucht keinen Aussichtsturm, denn von den vielen freien Flächen hat man ungehinderte Sicht über die Kuppen des Wienerwaldes und die Gipfel der Voralpen. Buchkogel, Schöpfl und Gföhlberg nehmen sich vom Boden nicht anders aus als von einer ein paar Meter hohen Warte. Und auf ein Gasthaus kann man verzichten, wenn man Proviant und Getränke im Rucksack hat.

Man wandert durch eine liebliche, für den nordwestlichen Wienerwald typische Landschaft, in der die Zeit nicht zu rasen, sondern ruhig und gemütlich zu verstreichen scheint. Abschnittsweise marschiert man auch auf Asphalt, begegnet aber dabei eher einem Traktor als einem Auto.

„Gipfelsiege“ lassen sich auf der Route nicht einheimsen, denn die höchsten Punkte von Kohlreitberg und Kleinem Weinberg betritt man nicht.

Die Route:

Bei der Haltestelle Eichgraben-Altlengbach beginnt die blaue Markierung, die durch die Stelzhammerstraße nach Burweg und weiter nach Götzwiesen führt. Gehzeit eine Stunde.

Nach einem kurzen Straßenstück geht es über Wiesengelände nach Hart und zum Roten Kreuz nahe dem Gehöft Haagen. Gehzeit ab Götzwiesen etwa eine Stunde. Das Gräberfeld befindet sich rechts vom Wege. Hie und da bringt jemand eine Papptafel an einem Baum an, auf der ein paar Informationen stehen, die jedoch Wind und Regen nur kurz standhält.

Sehr bald nach dem Roten Kreuz wechselt man auf die grüne Markierung, die scharf nach rechts und gleich wieder nach links führt. Nun geht es bergab; man quert die Straße und später die Westbahn und gelangt nach Maria Anzbach. Gehzeit ab Rotem Kreuz eine Stunde.

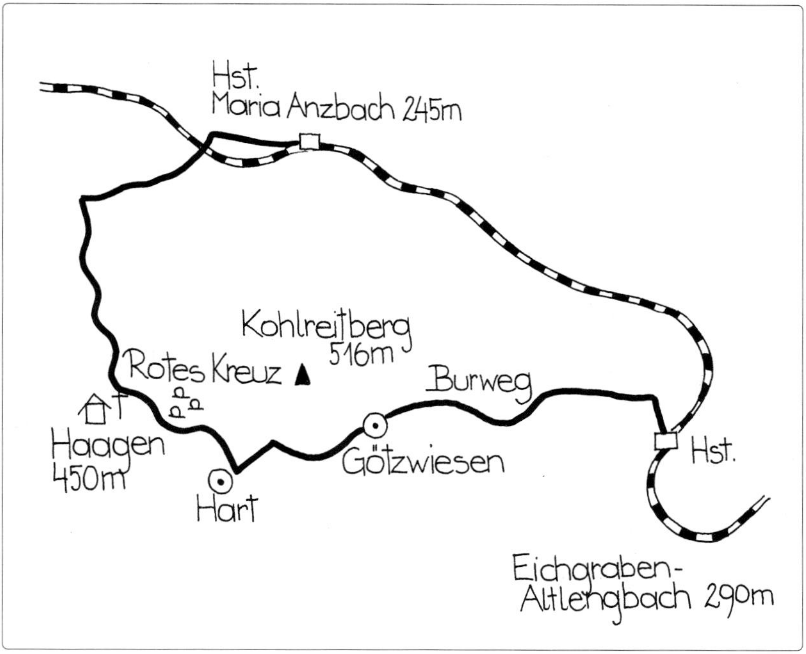

Unter und über der Erd'

Höhlen, Hütten, Aussichtswarten im Anningergebiet

Charakteristik:	gemütlich und aussichtsreich; das ganze Jahr über
Gesamtgehzeit:	3¾ bis 4 Stunden
Höhendifferenz:	rund 460 m
Für die Rast:	Rudolf-Proksch-Hütte auf dem Pfaffstättner Kogel (Freitag Ruhetag), Anninger-Schutzhaus (Montag, Dienstag Ruhetage)
Ausgangsstation:	Pfaffstätten (Fahrplanbild 50)
Zielstation:	Gumpoldskirchen (Fahrplanbild 50)
Karte:	Bundesamtskarte, Blatt 58 (Baden); Freytag-Berndt-Wienerwald-Atlas

Die Thermalalpen, die westliche Begrenzung des Wiener Beckens mit der dominanten Erscheinung des 675 m hohen Anninger, sind nicht gerade ein unbekanntes Wandergebiet. Bis zum Zweiten Weltkrieg suchte man sie auch wegen der Höhlen auf, die zum Teil elektrisch beleuchtet waren.

Die Einödhöhle – auch Fledermaushöhle genannt – am Südhang des Pfaffstättner Kogels brachte es in der ersten Zeit nach ihrer Eröffnung als Schaugrotte am 22. April 1925 immerhin auf jährlich rund 30.000 Besucher. In dem 87 m langen Felstunnel mit drei großen und zwei kleineren Tagöffnungen soll einst der Riese Einöder, ein

Begleiter Kaiser Karl des Großen gehaust haben. Die Höhle ist zoologisch bedeutsam und beherbergt immer noch Fledermäuse.

Die stattliche Ganglänge von 210 Metern weist die Dreidärrischenhöhle oberhalb von Gumpoldskirchen auf, welcher die „Erschließung" gar nicht gutgetan hat. In den 20er Jahren bohrte man einen Tunnel, um den Zugang zu erleichtern, denn der natürliche Eingang wies eine über 2 m hohe Felsstufe auf. Zwischen 1926 und 1939 fungierte sie als beleuchtete Schauhöhle, in der man interessante Tropfsteine und im zeitigen Frühjahr bizarre Eisbildungen besichtigen konnte. Im Zweiten Weltkrieg wurde sie in einen Luftschutzbunker umgewandelt. Um das Jahr 1980 stürzte ein Teil der Decke ein; die Kalksinter wurden schon vorher von „Sammlern" arg devastiert.

Gegen einen Besuch in der Einödhöhle ist nichts einzuwenden, nur sollte man eine Taschenlampe nicht vergessen. Die Dreidärrischenhöhle zu „befahren" scheint nicht ohne Risiko.

Haben der Anninger und seine Ausläufer unter der Erd' einiges zu bieten, so lassen sie sich auch über der Erd' nicht lumpen. Von den Aussichtswarten – es gibt deren drei auf der Route – hat man eine sehr schöne Fernsicht. Über den Blick von der Wilhelmswarte auf dem höchsten Punkt des Anninger liest man etwa in einer alten Beschreibung: „Die Aussicht von der Warte gegen Baden und das Eiserne Tor mit dem darüber aufragenden Gebirgskranze bis Schneeberg, Stuhleck und Wechsel, über das Steinfeld gegen das Rosaliengebirge, die bis zum Leithagebirge sich ausdehnende, mit unzähligen Ortschaften bedeckte Ebene, gegen Norden bis zur Donau, im Westen bis zum Schöpfl und zur Reisalpe, zum Unterberg und Göller ist eine reizvolle und bietet eine Fülle schöner und abwechslungsreicher Bilder."

Nicht so umfassend, jedoch nicht weniger lohnend ist der Blick von der Klesheimwarte bei der Pfaffstättner Hütte und von der Jubiläumswarte auf dem Eschenkogel beim Anninger-Schutzhaus.

Die Route:

Am nördlichen Ortsrand von Pfaffstätten, an der Straße nach Gumpoldskirchen, beginnt die blaue Markierung, entlang der man nahe dem Waldrand eine rote Markierung erreicht. Man hält sich links und wandert zur Einödhöhle. Ab Pfaffstätten eine Dreiviertelstunde. Dann kehrt man ein kurzes Stück zurück und wendet sich in das Kleine Kiental, durch das man zur Rudolf-Proksch-Hütte auf dem Pfaffstättner

Kogel aufsteigt. Ab Einödhöhle ebenfalls eine Dreiviertelstunde.

Eine grüne und später rote Markierung leitet über Drei Eichen zum höchsten Punkt des Anninger; ab der Proksch-Hütte braucht man eine Stunde. Rot geht es in einer knappen halben Stunde weiter zum Anninger-Schutzhaus. Nun sollte man den kurzen Umweg zur Jubiläumswarte nicht auslassen, für den man eine Gehzeit von einer guten Viertelstunde einzuplanen hat.

Vom Anninger-Schutzhaus kehrt man ein kurzes Stück entlang der roten Markierung Richtung Anninger zurück und wechselt dann nach links auf die gelben Marken, die in den Siebenbrunnengraben, zur Dreidärrischenhöhle und nach Gumpoldskirchen führen. Gehzeit ab Anninger-Schutzhaus 1 bis 1¼ Stunden.

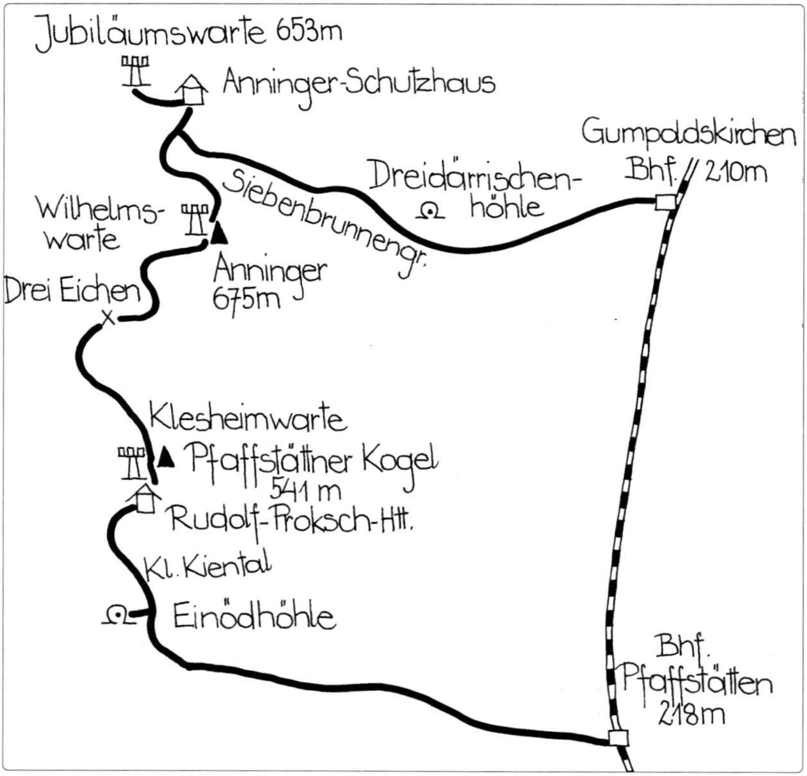

Die Kollegen des Ötzi

Zum Mariazeller Zwickel und zur Königshöhle

Charakteristik: leicht, sehr abwechslungsreich; das ganze Jahr über

Gesamtgehzeit: 4 1/4 Stunden

Höhendifferenz: rund 500 m

Für die Rast: Gasthaus auf dem Harzberg (Montag ab 15 Uhr und Dienstag geschlossen), Vöslauer Hütte (Freitag Ruhetag)

Ausgangsstation: Bad Vöslau (Fahrplanbild 50)

Zielstation: Baden (Fahrplanbild 50)

Karte: Freytag-Berndt-Wienerwald-Atlas

Im Jahre 1892 begannen drei Badener Heimatforscher mit archäologischen Grabungen in der Königshöhle westlich der Thermalstadt. Sie fanden Werkzeuge und Gefäße, deren Alter man auf rund 5000 Jahre schätzte, die also von den „Kollegen“ des Ötzi, des Mannes vom Hauslabjoch, stammten. Die Funde, die man aus einer „ungeheuer mächtigen Aschenansammlung“ barg, waren so bedeutend, daß man sie einer eigenen Kulturgruppe, der Badener Kultur, zuordnete.

Die relativ große Höhle, deren Dach teilweise eingestürzt ist, fasziniert immer noch den Besucher, man kann verstehen, daß sie allem Anschein nach auch in späteren Zeiten immer wieder aufgesucht wurde. Auch die Römer kannten die

Felsgrotte, wie Keramiken und eine Münze aus der Zeit des Kaisers Gratianus (367–383 n. Chr.), die über den steinzeitlichen Schichten lagen, beweisen. Und man holte auch einige mittelalterliche Scherben aus den Ablagerungen auf dem Höhlenboden.

Aus welchem Grund in der Römerzeit und später die Menschen dorthin pilgerten, weiß man nicht, vermutet aber, daß es sich um eine Kultstätte handelte, die dann in Vergessenheit geriet. Wiederentdeckt wurde die Königshöhle im Jahre 1875. Ihren Name verdankt sie angeblich dem Ungarnkönig Béla IV., der in sie vor Herzog Friedrich dem Streitbaren flüchtete.

Die interessante Höhle ist nur ein Höhepunkt auf einer sehr abwechslungsreichen Wanderung. Von der im Jahre 1898 errichteten Jubiläumswarte auf dem Harzberg genießt man eine bemerkenswerte Sicht in das Wiener Becken, zu den Erhebungen des Wienerwaldes und eines Teiles der Voralpen sowie zum Schneeberg, in die Bucklige Welt und zum Hochwechsel.

Der Mariazeller Zwickel hat mit dem berühmten Wallfahrtsort in der Steiermark nichts zu tun; das Gebiet gehörte einst dem Kloster Kleinmariazell (bei Altenmarkt im Triestingtal), welches von Kaiser Joseph II. aufgelöst wurde. Mitunter heißt es, man könne vom Mariazeller Zwickel, wo die Vöslauer Hütte steht, auch den Ötscher erblicken, doch ist dies eine nicht geringe Übertreibung. Wohl aber sind von freien Flächen beim Aufstieg zum Manhartsberg und zum Sooßer Lindkogel die Hohe Wand, der Kuhschneeberg, Sonnleitstein, Almesbrunnberg und Unterberg zu sehen.

Schließlich erreicht man fast am Schluß der Wanderung die Ruine der Burg Rauheneck, die zusammen mit der gegenüberliegenden Burg Rauhenstein den strategisch wichtigen Eingang in das Helenental bewachte. Urkundlich wurde Rauheneck das erste Mal im Jahre 1136 erwähnt. Von ihrem dreieckigen Berchfriet – daher der Name Rauheneck – hat man eine sehr schöne Sicht auf Baden und Umgebung.

Die wenig anstrengende Route bietet eine bunte Mischung aus Fernblicken, historischen Rätseln und einer typischen Kalk-Wienerwald-Landschaft, in der die Föhren dominieren, von denen einst das begehrte Harz gewonnen wurde.

Die Route:

Vom Bahnhof Bad Vöslau geht man zum Thermalbad und rechts von diesem zur Höhe. In der Anzengruberstraße erreicht man die gelbe Markierung, entlang der man zum Harzberg mit Warte und Gasthaus aufsteigt. Gehzeit eine Stunde.

Zuerst blau, dann grün markiert ist der Weg zur Vöslauer Hütte auf dem malerischen Mariazeller Zwickel, für den man wieder eine Stunde braucht. Dann folgt entlang der gelben Markierung ein etwas steiler Anstieg zum Manhartsberg und zum Sooßer Lindkogel, dessen Gipfel man umgeht. Bald darauf erreicht man die rote Markierung des Weitwanderwegs, auf die man rechts einschwenkt. Im Abstieg und später in einer Gegensteigung – das Gasthaus Jägerwiese gibt es nicht mehr – kommt man zur Königshöhle. Ab Mariazeller Zwickel 1¾ Stunden.

Blau markiert geht es weiter zur Ruine Rauheneck, die man auf einer kleinen Holzbrücke betreten kann, und nach Baden. Gehzeit ab Königshöhle eine halbe Stunde. Für die Strecke durch die Stadt zum Bahnhof benützt man am besten den Autobus.

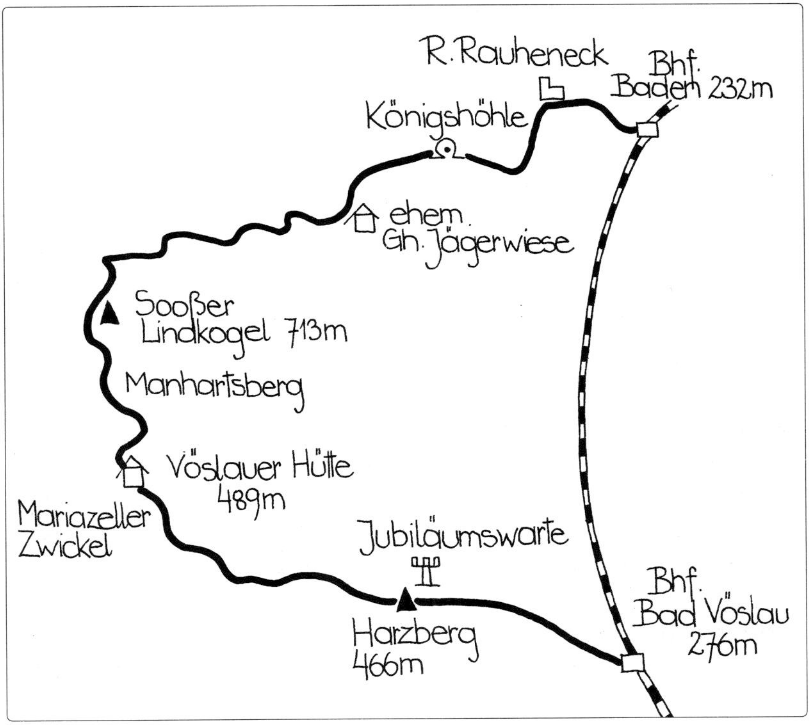

Einst ein Naturpark

Ein Fürst verschönte den nördlichen Wienerwald

Charakteristik:	nicht beschwerlich, interessant; das ganze Jahr über
Gesamtgehzeit:	3 Stunden, mit Tempelbergwarte 3 1/2 Stunden
Höhendifferenz:	rund 300 m
Für die Rast:	Gasthof in Hadersfeld
Ausgangsstation:	St. Andrä-Wördern (Fahrplanbild 80)
Zielstation:	Kritzendorf (Fahrplanbild 80)
Karte:	Bundesamtskarte, Blatt 40 (Stockerau); Freytag-Berndt-Wienerwald-Atlas

Heute schätzen wir die Landschaft am liebsten naturbelassen, mit möglichst wenig menschlichen Eingriffen. Was begreiflicherweise auch damit zusammenhängt, daß an Wald und Flur schon großer Schaden angerichtet wurde. Vor etwa zweihundert Jahren ging der Trend eher in Richtung der „Gestaltung" der Landschaft, mit deren Aussehen und Struktur man offensichtlich nicht ganz zufrieden war. So entstanden Naturparks mit exotischen Bäumen, künstlichen Grotten und gefaßten Quellen. Stößt man im Wienerwald oder im Waldviertel auf nicht standortgerechte Pflanzen, liegt die Vermutung nahe, daß einst jemand der Natur ins Handwerk pfuschen wollte.

Bei Hadersfeld im nördlichen Wienerwald steht auf einer kleinen Anhöhe ein Obelisk, der an einen Naturpark erinnert, den Fürst Johann I. von und zu Liechtenstein rund um das Schloß anlegen ließ. Dieses letzte Relikt wurde 1954 samt umliegender Wiese von der Gemeinde Hadersfeld erworben und „der Bevölkerung und den Ausflüglern zur Ruhe und Erholung gewidmet".

Die 439 m hohe Kuppe über dem Donautal hat eine lange Geschichte. In römischer Zeit stand dort ein Wachturm, später war dieser Punkt die Grenzbezeichnung des Bistums Passau, womit dieses im Jahre 823 die Grenze von Zeiselmauer – damals „zeizinmurus" genannt – festsetzte. Während der Türkenkriege brannten auf dem Mugel die Warnfeuer, damit sich die Bevölkerung vor den anstürmenden Muselmanen in Sicherheit bringen konnte. Jetzt ist die Kuppe ein gemütliches, aussichtsreiches Plätzchen mit Blick auf das Kahlengebirge, zu den Voralpen und zum Ötscher.

Fürst Liechtenstein erwarb 1807 auch die Burg Greifenstein, deren Ursprünge auf das 11. Jahrhundert zurückgehen. Sie wurde mehrmals erobert und zerstört – vom Raubritter Frohnauer, von Matthias Corvinus und von den Türken –, aber immer wieder aufgebaut. Ab dem Ende des 16. Jahrhunderts fungierte sie als Gefängnis, der letzte Insasse soll ein Pfarrer gewesen sein. Der „Landschaftsgestalter" Liechtenstein ließ sie nach seinem Geschmack ummodeln und romantisieren.

Hadersfeld wartet mit weiteren Attraktionen auf. In einem kurzen Abstecher ist die – nur in der Saison an Wochenenden und Feiertagen geöffnete – Tempelbergwarte zu erreichen, die einen phantastischen Ausblick zur Donau und ins Tullner Feld ermöglicht. Auf der Kuppe, die nun den Turm trägt, dürfte in keltischer Zeit ein Heiligtum gewesen sein, wie schon der Name Tempelberg andeutet. Die Reste eines Grabens und eines Walles sind noch deutlich zu erkennen. Es sind archäologische Grabungen geplant, die wahrscheinlich weitere Erkenntnisse bringen werden.

Gelegentlich wird ein kleiner Umweg zum Eichenleitenberg angeraten. Die bewaldete Höhe, die keine Aussicht bietet, ist die nördlichste Erhebung des rund 1200 km langen Alpenbogens, jedoch so unscheinbar, daß sie bis vor kurzem in den gängigen Landkarten nicht einmal mit der Höhenkote (411 m) versehen war.

Die Route über Hadersfeld ist eine typische Wienerwald-Tour: wenig anstrengend und sehr abwechslungsreich. Eine Forststraße beweist, wie wenig behutsam man manchmal mit einer schönen Gegend umgeht.

Die Route:

Vom Bahnhof St. Andrä-Wördern geht man durch die Renner-Allee und die Untere Waldgasse bis an den Rand des Waldes und steigt dann entlang der roten Markierung zum Hohenwartberg auf. Dort hält man sich links und wandert über den Schneiderzipf nach Hadersfeld. Gehzeit 1½ Stunden.

Nach der Rast folgt der Abstecher zur Tempelbergwarte, dann geht's zum Obelisken; man genießt die wunderschöne Aussicht und wählt dann die gelbe Markierung, die entlang oder direkt auf einer grauslichen Forststraße verläuft. Später wechselt man auf die links abzweigende grüne Markierung und steigt über die in ein Tierheim umgewandelte ehemalige Helenenhütte nach Kritzendorf und zum Bahnhof ab. Gehzeit ab Hadersfeld 1½ Stunden.

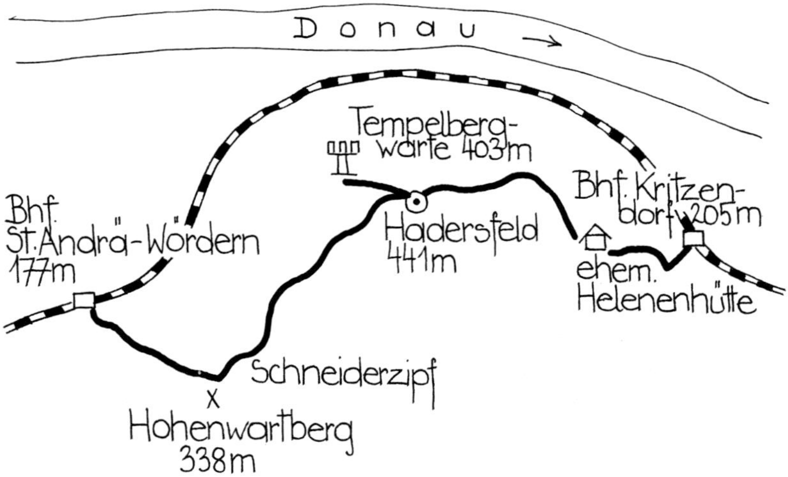

Wer bewacht die Naturwacht?

Merkwürdige Plaketten auf dem merkwürdigen Hängenden Stein

Charakteristik:	typisch Wienerwald; das ganze Jahr über
Gesamtgehzeit:	3¾ Stunden
Höhendifferenz:	250 m
Für die Rast:	Gasthaus in Unterkirchbach und Wolfpassing
Ausgangsstation:	St. Andrä-Wördern (Fahrplanbild 80)
Zielstation:	Zeiselmauer-Königstetten (Fahrplanbild 80)
Karte:	Bundesamtskarte, Blatt 40 (Stockerau); Freytag-Berndt-Wienerwald-Atlas

Aus einem steilen Hang bei Unterkirchbach im nordöstlichen Wienerwald ragt ein klotziger, haushoher Sandsteinblock hervor, wie er in der gesamten Flyschzone kein zweites Mal zu finden ist: der Hängende Stein. Dieser auffällige und seltsam geformte Felsen beschäftigt schon seit langem Heimatforscher, Esoteriker und Hobbywissenschafter. Manche sehen in ihm eine aus heidnischer Zeit stammende Kultstätte, zumal seine Oberfläche kleine Näpfchen oder Schalen aufweist, die man von anderen alten Heiligtümern kennt. „Das Ausreiben solcher Näpfchen und Schalen", schreibt der bekannte Alpinist und Autor Karl Lukan, „war einst eine Kulthandlung, vermutlich eine magische Beschwörung der Erdgottheiten um Fruchtbarkeit."

Angeblich war der Hängende Stein eine Opferstätte, in deren Umgebung es nachts nie ganz geheuer ist. (In der Finsternis auf dem steilen Hang herumzustiefeln, kann man sicherlich nicht anraten.) Archäologen und vor allem Geologen gewinnen dem Stein keine besondere Bedeutung ab und sehen in ihm eine Laune der Natur. Ob Opferstätte oder nicht, ob eine Stelle besonderer Erdstrahlung oder nicht, bleibt der Diskussion überlassen. Der Hängende Stein jedenfalls wurde schon vor geraumer Zeit zum Naturdenkmal erklärt; die Behörden taten dies durch eine an dem Felsen angebrachte Plakette kund.

Mittlerweile befinden sich zwei weitere metallene Plaketten auf dem Hängenden Stein. Eine, deren Herkunft nicht bekannt ist, zeigt ein Edelweiß, was im Wienerwald besonders sinnig wirkt, die andere stammt von der Niederösterreichischen Naturwacht, die damit nachhaltig die Durchführung eines Königstettener Wandertages dokumentierte. Die Naturwacht verschandelt ein Naturdenkmal, auch das ist etwas Besonderes am Hängenden Stein. Und man fragt sich, wer denn die Naturwacht bewacht, damit sie solchen Unfug nicht anstellt.

Zwar liegt der Hängende Stein an keiner markierten Route – was einigermaßen überrascht –, da er aber nun in der Bundesamtskarte exakt eingezeichnet ist, kann man ihn leicht finden und ihm einen Besuch abstatten.

Wählt man als „Anstieg" zum Hängenden Stein den Weg durch die Hagenbachklamm, die nach den Zerstörungen durch ein Hochwasser wieder hergerichtet wurde, ergibt das eine recht ansprechende Wanderung in einem Bereich, der – zumindest ab Unterkirchbach – von Wanderern relativ wenig begangen wird. Zerstörungen in der Hagenbachklamm sind keine Erscheinungen neueren Datums. In Beschreibungen aus der Wende zum 20. Jahrhundert erfährt man, daß der von der Gesellschaft „D'Hermannskogler" angelegte Weg durch die Hagenbachklamm „im Frühjahre und nach Regenwetter meist schwer zugänglich, oft ganz unwegsam wird".

Die Routen nach Wolfpassing werden sehr wenig begangen, obgleich man sich in einer typischen Wienerwald-Landschaft bewegt, die sich wenig von anderen, wesentlich beliebteren Regionen unterscheidet.

Die Route:

Vom Bahnhof St. Andrä-Wördern wandert man zur Kirche von St. Andrä, vor dem Hagentale, und wählt dann die rote Markierung, die ein Stück neben der Straße verläuft und dann in die Hagenbachklamm führt. Nach Passieren der romantischen Enge kommt man zu einer Greifvogelstation und nach Unterkirchbach. Gehzeit ab Bahnhof 13/4 Stunden. Nun geht es auf der Straße wenige hundert Meter in Richtung Mauerbach bzw. Königstetten. Bei der ersten scharfen Linkskurve zweigt nach rechts die gelbe Markierung nach Wolfpassing ab.

Doch vorher geht es zum Hängenden Stein. Von der Kurve führt nach links, vom Graben abzweigend, ein alter Fahrweg in einen Sattel. Dahinter liegt der Hängende Stein.

Zurück zur gelben Markierung und entlang dieser weiter; später wechselt man auf die grüne Markierung und erreicht nach etwa 11/2 Stunden ab Unterkirchbach – samt Abstecher zum Hängenden Stein – Wolfpassing. In einer weiteren halben Stunde ist man bei der Station Zeiselmauer-Königstetten.

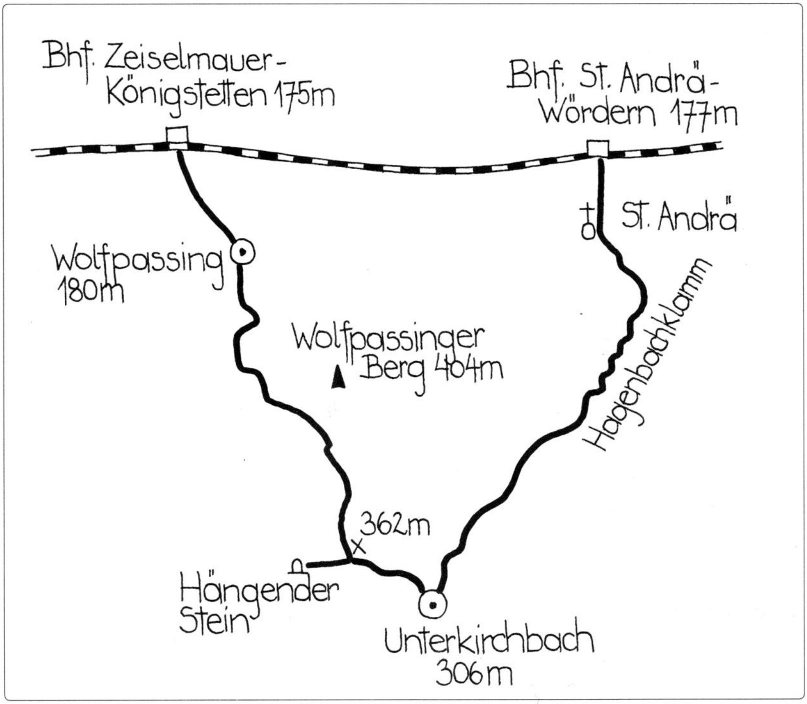

Das Land der Sehnsucht

Über die Rudolfshöhe auf die Steinwandleiten

Charakteristik:	leichte, aber lange Tour; das ganze Jahr über, auch bei geringer Schneelage
Gesamtgehzeit:	5¼ bis 5½ Stunden
Höhendifferenz:	rund 500 m
Für die Rast:	Ochsenburger Hütte (Montag Ruhetag), Stockerhütte (Mittwoch, Donnerstag Ruhetage)
Ausgangsstation:	Kreisbach (Fahrplanbild 11a)
Zielstation:	Traisen (Fahrplanbild 11a)
Karte:	Bundesamtskarte, Blatt 56 (St. Pölten); Freytag-Berndt-Wienerwald-Atlas

Eine Wanderung auf den sanften Erhebungen des westlichen Wienerwaldes erhält nicht zuletzt einen besonderen Reiz durch den Kontrast zu den aus Kalk bestehenden Voralpen, die sich dort recht alpin ausnehmen. Und keiner hat das Bild besser charakterisiert als der in Traisen beheimatete Dichter Walter Sachs, indem er schrieb: „Diese türmen sich im Süden auf, steil und reich gegliedert, und über ihre Schneemäntel fließen noch kalte blaue Schatten, wenn die Hügel bereits grünen. Berg steigt hinter Berg auf, bis sie der bläuliche Dunst verwebt.“ Und weiter: „Die Landschaft der Sandsteinhügel liegt inmitten, und sie nährt die Sehnsucht nach beiden, nach der jungen Heftigkeit der Kalkberge und nach der Ruhe der Uralten, und sie nährt die Sehnsucht nach dem, was sie selbst ist: nach der Vereinigung." Wenn das keinen Gusto auf Rudolfshöhe und Steinwandleiten macht?

Die gesamte Route, auf der man das malerische Kreisbachtal fast umrundet, ist ein Weg von einem Aussichtsplatz zum anderen, von einem idyllischen Flecken zum nächsten. Nicht nur die Voralpen liegen im Blickfeld, sondern auch viele Gipfel des Wienerwaldes, das Alpenvorland – mit der Landeshauptstadt St. Pölten – und die Täler. Beim Abstieg von der Steinwandleiten genießt man die schönste Sicht in die Talfurchen der Traisen und der Gölsen.

Es bleibt Geschmackssache, welcher Jahreszeit man den Vorzug gibt: dem Frühling, wenn die Bäume blühen, dem Sommer mit den saftigen, bunten Wiesen, dem farbenprächtigen Herbst oder dem Winter, der mit Rauhreif eine traumhafte Landschaft formt.

Und immer wieder erblickt man das kleine Kreisbach, dessen Schloß nur mehr in Rudimenten vorhanden ist. Dort hatte einst das Landgericht seinen Sitz, die Todesstrafen vollstreckte man direkt an der Straße nach Wilhelmsburg. Eine kleine Kapelle markiert die Hinrichtungsstätte. Das paßte einem „zartfühlenden" Abt des Stiftes Lilienfeld gar nicht, er wollte bei seiner Fahrt nach Kreisbach die verwesenden Leichen der Gehenkten nicht mehr sehen – und wahrscheinlich auch nicht riechen – und ließ den Galgen auf einen Hang über Dingelberg verlegen. Dort kann man die Reste heute noch sehen. „Es ist die einzige im Viertel ober dem Wienerwald in dieser Form erhaltene Richtstätte" heißt es in einer Beschreibung der Gegend.

Die Rudolfshöhe hieß früher Köpelberg und wurde im 19. Jahrhundert nach Kronprinz Rudolf, der sich in Mayerling entleibte, umbenannt. Sehenswert ist dort eine vierstämmige, zum Naturdenkmal erklärte Buche, deren Wurzelstock einen rund 300 Jahre alten Grenzstein umfaßt. Ebenfalls Naturdenkmal sind zwei Linden etwas unterhalb der Ochsenburger Hütte. Das kleine Schutzhaus wurde in den letzten Jahren renoviert.

Abgesehen von der etwas größeren Distanz weist die Wanderung keinerlei Schwierigkeiten auf; da aber zwei sehr gemütliche Hütten am Weg liegen, läßt sich die Tour recht gut einteilen.

Eilig sollte man es ohnedies nicht haben, denn es gibt sehr viele Stellen, die zum Verweilen und Schauen einladen.

Die Route:

Bei der Haltestelle Kreisbach beginnt die rote Markierung (Nummer 404), die durch den Ort Dingelberg auf einen Rücken und sehr gemütlich zur Ochsenburger Hütte führt. Gehzeit eine Stunde.

Man bleibt auf dem Rücken bis zu einer Kapelle; dort hält man sich rechts – rot markiert, Nummer 622 – und gelangt über viel freies und daher aussichtsreiches Gelände zum Haberegg. Ab Ochsenburger Hütte etwa 1½ Stunden. Wieder hält man sich rechts und folgt der roten Markierung Nummer 404 – vorbei an der Katzelhofer Höhe und über den Wiesbauer und den Zehethof – zur Stockerhütte auf der Steinwandleiten. Gehzeit ab Haberegg 2 bis 2¼ Stunden. Für den Abstieg entlang der roten Markierung zum Bahnhof Traisen braucht man eine Dreiviertelstunde.

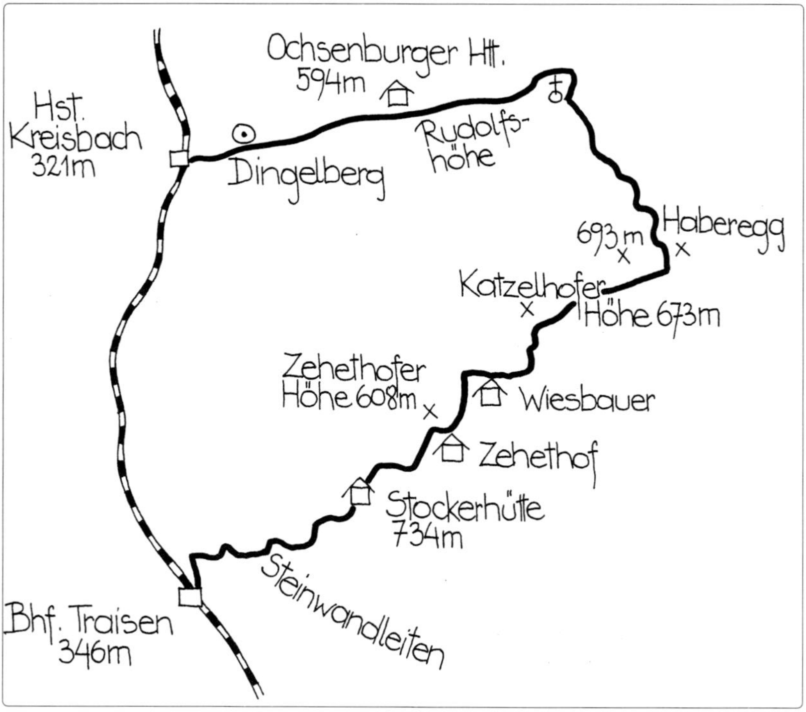

Einsamkeit über der Piesting

Der kleinere der beiden Mandlinge ist ein Geheimtip

Charakteristik:	mäßig anstrengend; von April bis November
Gesamtgehzeit:	$4^1/_2$ Stunden
Höhendifferenz:	rund 700 m
Für die Rast:	Berndorfer Hütte auf dem Hohen Mandling (an Wochenenden und Feiertagen offen)
Ausgangsstation:	Miesenbach-Waidmannsfeld (Fahrplanbild 52c)
Zielstation:	Waldegg (Fahrplanbild 52c)
Karte:	Bundesamtskarte, Blatt 75 (Puchberg am Schneeberg)

Auch in der Nähe vielbesuchter Gipfel und frequentierter Wanderwege finden sich immer wieder Erhebungen, die selten betreten werden und im Dornröschenschlaf liegen. Dazu zählt der Vordere Mandling im Höhenzug, welcher das Piestingtal im Norden begrenzt. Auf dem mit malerischen Felsen durchsetzten Kamm stand bis zum Jahre 1945 die Lindkoglerhütte, die in den letzten Tagen des Zweiten Weltkrieges abbrannte und nie wieder aufgebaut wurde. Seither ist es um den Vorderen Mandling still und einsam geworden.

Während in letzter Zeit rundherum die Markierungen und Wegweiser erneuert wurden, zeigt die über den höchsten Punkt des Vorderen Mandling führende blaue Markierung schon „Alterserscheinungen“; den richtigen Weg findet man aber trotzdem ohne Schwierigkeiten.

Der Berg hat durchaus seine Vorzüge. Die Felsen, die den Aufstieg säumen, erweisen sich als hervorragende Aussichtspunkte und geben den Blick zum Hohen Mandling, zur Dürren Wand und in das Schneeberggebiet frei. Beim Abstieg nach Waldegg hat man schöne Sicht in das untere Piestingtal, in das Hernsteiner Becken, zur Buckligen Welt und zum Wechsel. Der Gipfel mit den Resten des einstigen Schutzhauses und einer Zisterne ist ein besonders idyllisches Plätzchen. Der Vordere Mandling, auf dem noch der Auerhahn vorkommt, verdiente wesentlich mehr Beachtung; er ist ein echter Geheimtip, auch wenn die Hütte schon ein halbes Jahrhundert lang nur mehr eine Ruine ist.

Der benachbarte Hohe Mandling erfreut sich regen Besuchs. Die auf der Gipfelwiese – auch Knödelwiese genannt – stehende Berndorfer Hütte wurde renoviert und erweist sich als schmuckes, gemütliches Haus, das man bei einer Überschreitung der beiden Mandlinge gerne als Raststätte wählt.

Auf der Fozeben, etwas unterhalb des Gipfels, wurde 1866 der letzte Wolf in Niederösterreich erlegt. Dies ist auf einer Tafel „verewigt“ und würde heute wohl nicht als rühmliche Tat angesehen werden.

Sind die Mandlinge zweigeschlechtlich? In älteren Karten werden sie als die Vordere und die Hohe Mandling vermerkt, im Triestingtal verwendet man auch nur die weibliche Form. Auf den verschiedenen Wegweisern findet man sowohl die männliche als auch die weibliche Version. Das Bundesamt für Eich- und Vermessungswesen hat die Mandlinge aus unerfindlichen Gründen „vermännlicht“. Da sich der Name wahrscheinlich vom slawischen „monilica“ herleitet, das Sattel oder Sattelberg bedeutet, dürften die amtlichen Vermesser falsch liegen.

Die Route:

Von der Haltestelle Miesenbach-Waidmannsfeld steigt man entlang der roten – früher grünen – Markierung auf, passiert den oberen Rand der Süßwände und erreicht nach etwa 1½ Stunden die Berndorfer Hütte, knapp neben dem keine Aussicht bietenden Gipfel.

Am westlichen Rand der Gipfelwiese beginnt die rote Markierung, entlang der man in einen Sattel absteigt und dann über den Kleinen Rosenkogel hinweg zur

Abzweigung in das Stampftal wandert. Dort hält man sich geradeaus. Im ersten Sattel danach, unmittelbar vor einer alten Sandgrube, zweigt nach rechts die blaue Markierung zum Vorderen Mandling ab. Vorsicht, leicht zu übersehen! Man bleibt bis zum höchsten Punkt immer in der Nähe des Kammes. Gehzeit ab Berndorfer Hütte 1½ Stunden.

Weiter entlang der blauen Markierung; der Weg ist stellenweise etwas verwachsen. Die Route macht einen weiten Bogen nach Norden, man erreicht nach einer Wiese die rote Markierung, auf die man scharf rechts einschwenkt. Dann geht es ständig bergab nach Waldegg und zum Bahnhof. Gehzeit ab Vorderem Mandling 1½ Stunden.

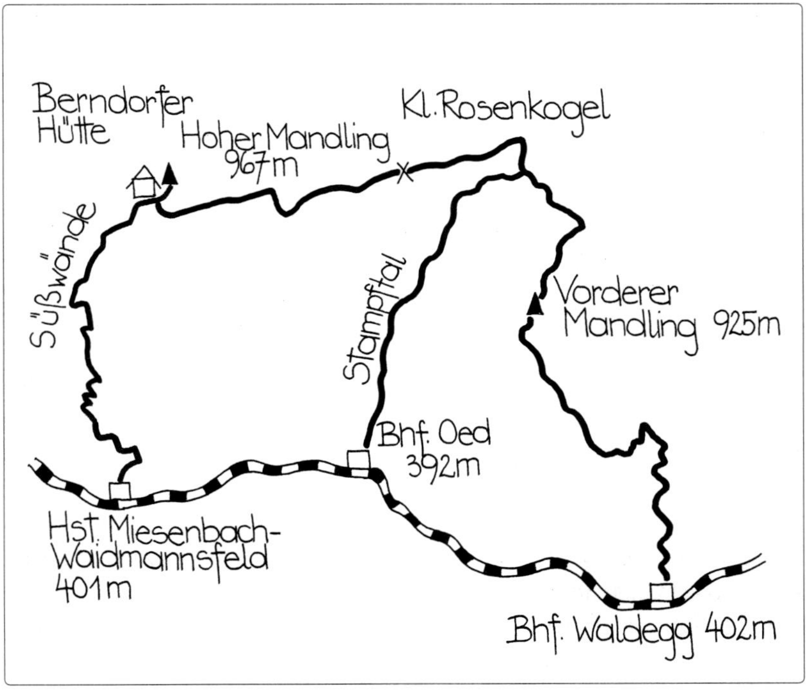

Nicht lohnend? Aber ja!

Über den Großen Neukogel in den Gutensteiner Alpen

Charakteristik:	für ausdauernde Geher; von April bis November
Gesamtgehzeit:	5¾ bis 6 Stunden
Höhendifferenz:	900 m
Für die Rast:	Gasthaus in Waidmannsfeld
Ausgangsstation:	Gutenstein (Fahrplanbild 52c)
Zielstation:	Miesenbach-Waidmannsfeld (Fahrplanbild 52c)
Karte:	Bundesamtskarte, Blatt 75 (Puchberg am Schneeberg); Freytag-Berndt-Atlas Wiener Hausberge

In der alpinen Literatur finden sich nur sehr spärliche Hinweise auf den 1053 m hohen Großen Neukogel südöstlich des Raimund-Ortes Gutenstein. „Wenig besuchtes Gipfelziel" heißt es in der einen, „nicht lohnend, keine Aussicht" in einer anderen Beschreibung. Bestenfalls der Blick zur benachbarten Dürren Wand wird erwähnt, gelegentlich noch die Einsamkeit des Gebietes als Vorzug angeführt. Da tut man dem Großen Neukogel bitter unrecht!

Der Berg ist zwar bis zum Gipfel bewaldet. Auf dem höchsten Punkt gibt es kein Gipfelkreuz, sondern nur eine einfache Tafel. Von den vielen Lichtungen aber, die man beim Aufstieg passiert, hat man eine beeindruckende Aussicht, beileibe nicht nur zur Dürren Wand. Zuerst erblickt man das weite Tal der Piesting bei Pernitz und die Ruine Gutenstein, dann den Mariahilfberg, wo der Turm der bekannten Wallfahrtskirche des Servitenklosters über die Baumwipfel ragt. Später bietet sich eine Sicht auf Unterberg, Kieneck und den majestätischen Schneeberg. Hie und da erhascht man sogar einen Blick in das Gebiet der Schneealpe und zu den Bergen zwischen Triesting und Piesting.

Schon dieser Ausblicke wegen wäre der Große Neukogel ein lohnendes Wanderziel, er hat aber noch andere Meriten: Er ist ein sehr einsamer Berg, auf dessen Spitze ein schmaler, steiler Pfad führt, der streckenweise ein Nebeneinandergehen nicht zuläßt. Man wandert von einer Felskanzel zur anderen, die den bewaldeten Hängen einen „alpinen Hauch" verleihen. Es gibt weit und breit keine Forststraße. Bei einer Überschreitung ist man schon vier Stunden unterwegs, ehe man auf einen der scheußlichen Güterwege trifft, von denen manche wie zum Hohn behaupten, sie würden sich „harmonisch" in die Landschaft einfügen. „Romantik pur" also auf dem Großteil der Strecke.

Die Pflanzenwelt auf dem Großen Neukogel kann sich ungestört entfalten und ist daher intakt. Verhält man sich einigermaßen ruhig, kann man sogar das scheue Birkhuhn beobachten. Das Gerücht, auch der Bär tauche mitunter in diesem Gebiet auf, läßt sich nicht bestätigen. Zu Gesicht bekäme man das Tier ohnedies nicht.

Der Große Neukogel nicht lohnend? Wer mit der Natur auf enge Tuchfühlung kommen möchte, ist dort gerade richtig. Er lernt zudem eine liebliche und anregende, aber weithin unbekannte Gegend kennen, die weit abseits des Trubels liegt. Dieser Gipfel zwischen Piesting und der Dürren Wand ist in jeder Hinsicht einen Besuch wert; eine Entdeckungswanderung sozusagen.

Die Überschreitung nach Waidmannsfeld verlangt einigermaßen gute Kondition, denn auf dem langen Kamm sind etliche Gegensteigungen zu bewältigen; auch die Distanz ist relativ groß. Leider muß man ein Stück entlang eines mit Stacheldraht gesicherten Wildzaunes gehen, der zur herrlichen Landschaft wie die Faust aufs Auge paßt.

Die Route:

Vom Bahnhof Gutenstein geht man auf der Promenade bis knapp nach der felsigen Talenge, überquert nach links die Piesting und steigt entlang der grünen Markierung über den Tabor – teilweise steil – zum Gipfel auf. Gehzeit 1¾ bis 2 Stunden.

Grün markiert ist auch der weitere Weg vom höchsten Punkt nach Osten. Steile Abstiege wechseln mit flachen Passagen und Gegenanstiegen. Man erreicht den Wildzaun, den man in einem Sattel auf einer Treppe überquert. Es folgt ein etwas mühsamer Anstieg, man quert wieder den Zaun und gelangt über die Ochsenheide in den kleinen Ort Waidmannsfeld. Gehzeit ab Großem Neukogel 3½Stunden.

Entlang der roten Markierung wandert man in einen Sattel und steigt dann zur Haltestelle Miesenbach-Waidmannsfeld ab. Gehzeit ab Waidmannsfeld eine halbe Stunde.

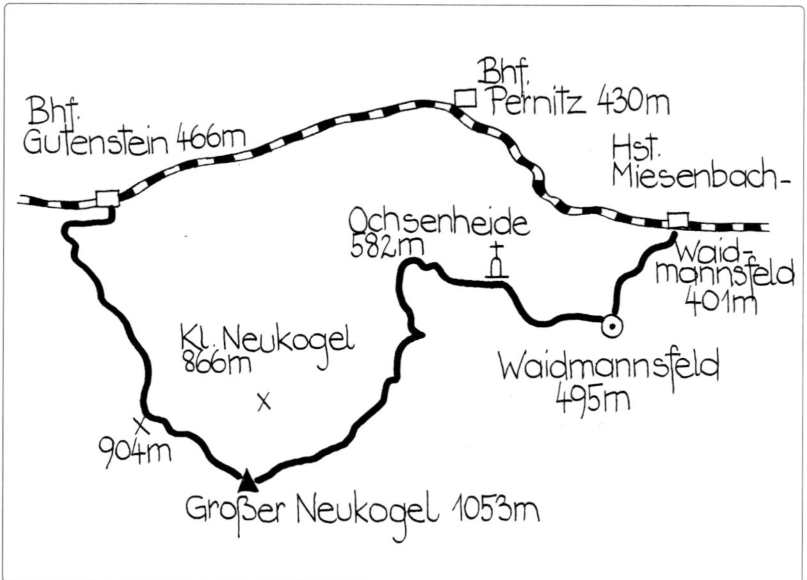

Die Emmentaler Berge

Über den Größenberg am Rande der Neuen Welt

Charakteristik:	leicht, mit vielen „Attraktionen“; das ganze Jahr über
Gesamtgehzeit:	3¼ bis 3½ Stunden
Höhendifferenz:	rund 400 m
Für die Rast:	kein Stützpunkt
Ausgangsstation:	Bad Fischau-Brunn (Fahrplanbild 52d)
Zielstation:	Winzendorf (Fahrplanbild 52d)
Karte:	Bundesamtskarte, Blatt 76 (Wiener Neustadt); Freytag-Berndt-Atlas Wiener Hausberge

Wie manche Stiefkinder werden die Fischauer Berge, welche das Einbruchsbecken der Neuen Welt vom Steinfeld trennen, recht wenig beachtet. Wer steigt schon auf den „nur“ 605 m hohen Größenberg, wenn sich knapp daneben die über 1100 Meter aufragende Hohe Wand befindet? Trotzdem steht es dafür, eine Wanderung auf die Kalkkuppen nördlich von Bad Fischau zu planen, denn ganz ohne Meriten sind Größenberg und seine Nachbarn nicht.

Die Aussicht vom felsigen Gipfel kann sich durchaus mit jener wesentlich höherer Erhebungen messen. Von kleinen Kanzeln hat man einen wunderbaren Überblick über die gesamte Szenerie der Hohen Wand; leider gibt es die

Aussichtswarte schon lange nicht mehr, die auch einen Blick über das Steinfeld gestattet hatte.

Die Fischauer Berge sind durchlöchert wie ein Emmentaler, mehr als ein halbes Hundert Höhlen hat man dort entdeckt, von denen die Eisensteinhöhle am bekanntesten ist und in der Saison im Rahmen von Führungen besucht werden kann. Benannt ist sie nach dem Freiherren von und zu Eisenstein, welchem der Steinbruch gehörte, in dem die Höhle 1855 angefahren wurde. Seit 1906 ist das über 900 m lange Labyrinth Schauhöhle. Der Führer grüßt mit „Glück tief“ und nicht mit „Glück auf“ wie die Bergleute. Personen mit Herz- und Kreislaufschwäche wird von dem Gang in die Unterwelt abgeraten, denn die Temperatur in dem natürlichen Gewölbe ist relativ hoch, was mit einer – mittlerweile versiegten – Thermalquelle an der tiefsten Stelle der Höhle zusammenhängt.

Erschlossen war auch die Emmerberghöhle, die Verbindung zur darüber stehenden Ruine hat. Die Holzleitern sind aber morsch.

Die Emmerburg – heute Emmerberg – fand erstmals 1172 urkundliche Erwähnung. Die Sage erzählt, daß sie einst „Eimerburg“ hieß, weil sie der zum Pagen eines Herzogs beförderte Wasserträger an der Stelle einer kleinen Kapelle und Eremitage erbaute. Einer der Inhaber soll am 26. August 1278 in der Schlacht bei Dürnkrut und Jedenspeigen dem Böhmenkönig Ottokar Przemysl die tödliche Wunde zugefügt und so Rudolf von Habsburg die Kaiserkrone gerettet haben. Ab 1760 verfiel die Burg, weil man wegen der hohen Steuern die Dächer abtrug. Wilhelm von Wartersleben machte sie 1821 endgültig zur Ruine, der man heute noch ihre einstige Größe und Bedeutung ansieht. Ihr Umfeld hat trotz der tiefen Lage fast alpinen Charakter.

Vor etlichen Jahren schreckte man die Wanderer in den Fischauer Bergen mit merkwürdigen Tafeln, auf denen vor Tollwut, Fallen, Giftködern und Zecken gewarnt wurde. Dies veranlaßte boshafte Leute zur Feststellung, wirklich gefährlich seien nicht die schwierigen Kletterrouten der Hohen Wand, sondern die sanften Waldpfade rund um den Größenberg.

Die Tour bietet keine Schwierigkeiten, Vorsicht ist beim Besuch der Ruine Emmerberg geboten.

Die Route:

Bei der Kirche in Bad Fischau beginnt die rote Markierung zur Eisensteinhöhle, die man in etwa einer halben Stunde erreicht. Man wandert entlang der gelben Markierung weiter, quert zuerst den Hang und wendet sich dann nach rechts. Man steigt in einen Sattel auf und erreicht nach links entlang der grünen Markierung den Gipfel des Größenbergs. Gehzeit ab Eisensteinhöhle eine Stunde.

Das Gipfelkreuz steht nicht auf dem höchsten Punkt, sondern etwas darunter, damit man es vom Tal besser sieht.

Entlang der roten Markierung geht es weiter. Man passiert die Abzweigung zum Römersteinbruch auf dem Engelsberg – der Umweg ist nicht besonders lohnend – und steigt dann nach rechts durch einen Graben ab. Am Fuße des Schloßbergs gelangt man zu einem Forsthaus und in einem kurzen Anstieg zur Ruine Emmerberg. Gehzeit ab Größenberg 1 ¼ bis 1 ½ Stunden.

Nun geht es – rot markiert – hinab in die Possetschlucht und durch diese nach links zum Bahnhof Winzendorf. Gehzeit ab Ruine Emmerberg eine halbe Stunde.

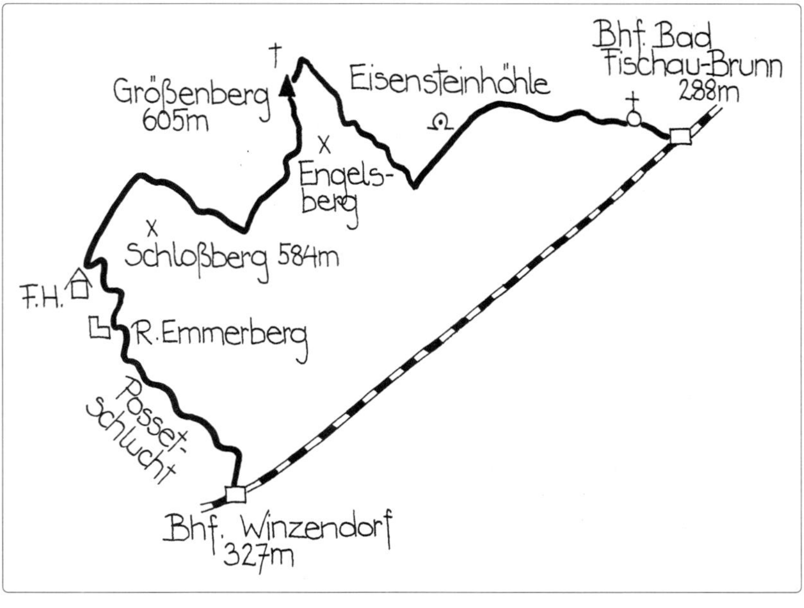

Zeugen aus Stein

Zum Teufelsmühlstein und zum Steinernen Stadl

Charakteristik:	leicht und sehr interessant; nicht bei Schneelage
Gesamtgehzeit:	2¾ bis 3 Stunden
Höhendifferenz:	etwa 250 m
Für die Rast:	kein Stützpunkt
Ausgangsstation:	Wöllersdorf (Fahrplanbild 52c)
Zielstation:	Bad Fischau-Brunn (Fahrplanbild 52d)
Karte:	Bundesamtskarte, Blatt 76 (Wiener Neustadt); Freytag-Berndt-Atlas Wiener Hausberge

Die Fischauer Berge, die eher die Dimension von Hügeln haben, zählen zu den höhlenreichsten Gebieten in Österreich. Eine Wanderung in dem sich gegen das Piestingtal hinziehenden nordöstlichen Ausläufer wird zu einem Ausflug in die Vergangenheit, denn die Felslöcher auf und um den Malleitenberg dienten den Menschen in grauer Vorzeit als Wohnstätte oder Unterschlupf.

Im Zigeunerloch – auch Zigeunerhöhle genannt – fand man Spuren aus der Jüngeren Steinzeit sowie römische und mittelalterliche Reste, der Boden der Hoffmannshöhle (vulgo Felsenkeller) barg Relikte aus der Hallstattzeit. Im dichten Wald nahe einem Sattel unter dem ehemaligen Finkenhaus warten heute noch einige Tumuli, Grabhügel, der Kelten auf ihre Erforschung.

Am beeindruckendsten jedoch ist der – in der Bundesamtskarte nicht einmal eingezeichnete – Steinerne Stadl, eine mächtige natürliche Felsbrücke, die wahrscheinlich aus einem eingestürzten Höhlenraum entstand. Man braucht nicht viel Phantasie, um sich auszumalen, daß der Stadl einst eine ideale Zufluchtsstätte war. Den Archäologen jedenfalls gelang der Nachweis, daß sich dort zumindest in der Jungsteinzeit und Hallstattzeit Menschen aufgehalten haben.

Möglicherweise diente die Durchgangshöhle auch als Kultstätte, denn vor ihrem südlichen Eingang findet sich auf einem isoliert dastehenden Felsen eine wunderschöne Steinschale. Derlei künstliche Vertiefungen gibt es an vielen Stellen in den Alpen, und immer werden sie mit religiösen Zeremonien und Opferungen in Zusammenhang gebracht. Erstaunlicherweise bleibt die Schale unmittelbar vor dem Steinernen Stadl in den meisten Beschreibungen unerwähnt.

Auf einem kurzen Abstecher erreicht man den auf einem steilen Hang über dem Marchgraben stehenden Teufelsmühlstein, der den sogenannten Durchkriech- oder „Buckelweh"-Steinen zugerechnet wird. Talseitig ruht der Felsen auf einem schmalen, natürlichen Pfeiler. Zwängt man sich durch das Loch daneben, dann soll man angeblich alle rheumatischen Beschwerden loswerden. Der Sage nach entstand das Felsgebilde durch die Hand des Teufels, der dort für den Preis einer armen Seele eine Mühle bauen wollte. Da er nicht zeitgerecht vor Tagesanbruch fertig wurde, kam der satanische Handel nicht zustande.

Leider gibt es die Gaststätte Finkenhaus nicht mehr, von der man eine schöne Aussicht ins Steinfeld, nach Wiener Neustadt, zur Rosalia und Buckligen Welt hatte, so daß man sich mit dem Blick von den freien Flächen begnügen muß. Früher zeigte der Wirt die Kopien einiger jungsteinzeitlicher und keltischer Funde aus der Umgebung.

Die Wanderung ist leicht und anregend. Auf dem Weg von der Malleiten nach Bad Fischau wird man wohl die direkte Route wählen, denn das Gasthaus „Zum Kürassier" hat ebenfalls schon zugesperrt.

Die Route:

Von Wöllersdorf führt die rote Markierung zum Fischaberg. Am Sportplatz vorbei steigt man gemütlich auf und zweigt dann nach rechts zum Teufelsmühlstein (ebenfalls rot markiert) ab. Zurück zum ursprünglichen Weg und weiter bis auf die Kuppe des Malleitenberges. Dort zweigt nach rechts ein schmaler Pfad ab, der zum Steinernen Stadl führt. Gehzeit ab Wöllersdorf 1½ Stunden. Man steigt wieder auf die Kuppe und wandert in etwa einer halben Stunde weiter in einen Sattel und dann auf einem Güterweg zur Straße Bad Fischau-Dreistetten.

Vom Sattel wäre die Hoffmannshöhle leicht erreichbar, doch ist ein Besuch nicht lohnend, da die Versinterungen abgeschlagen sind.

Bei der Straße gelangt man auf eine blaue Markierung, die nach links zu verfolgen ist. Man wechselt später auf einen rot markierten Weg und wandert in einer Dreiviertelstunde nach Bad Fischau zur Bahn.

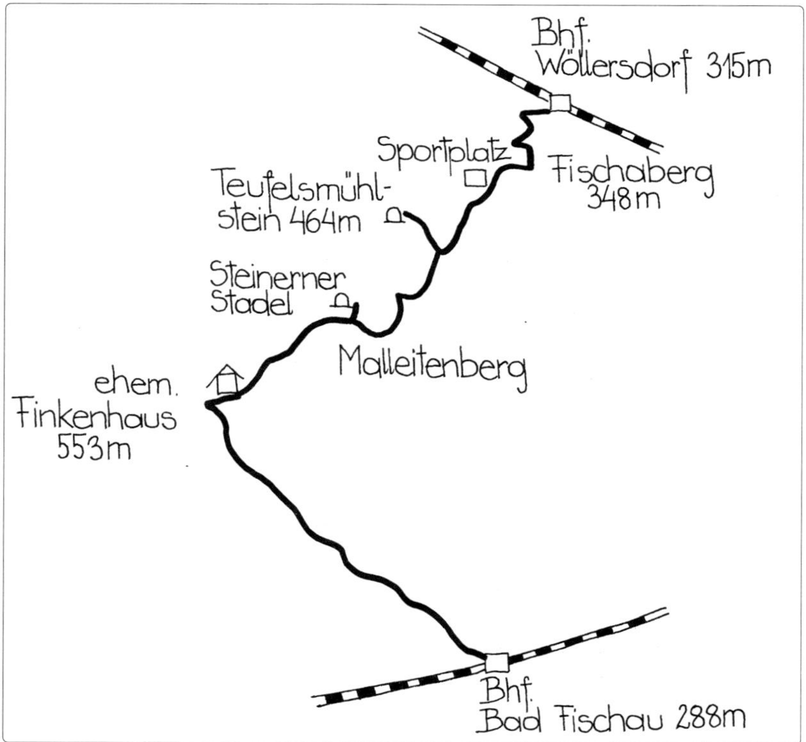

Die stille, sonnige Seite

Eine Überschreitung vom Geländ zur Hohen Wand

Charakteristik:	mäßig anstrengend, abwechslungsreich; von März bis November
Gesamtgehzeit:	4½ Stunden
Höhendifferenz:	700 m
Für die Rast:	Geländhütte, Rastkreuzhütte, Berggasthof Plackles
Ausgangsstation:	Grünbach-Kohlenwerk (Fahrplanbild 52d)
Zielstation:	Grünbach am Schneeberg (Fahrplanbild 52d)
Karte:	Bundesamtskarte, Blatt 75 (Puchberg am Schneeberg); Freytag-Berndt-Atlas Wiener Hausberge

Das Geländ westlich der Hohen Wand, von dieser durch den Rastkreuzsattel getrennt, ist ein isoliert stehender Kalkmugel mit steilen, nach Grünbach abfallenden Wänden. Die exponierte Lage des kleinen Gipfelplateaus macht das Geländ zu einem hervorragenden Aussichtsplatz, von dem man wohl den schönsten Überblick über den Schneeberg, den höchsten Berg Niederösterreichs, hat.

Unweit der dortigen gemütlichen kleinen Hütte machte man bei archäologischen Ausgrabungen Funde aus der Steinzeit, womit die frühe Besiedlung nachgewiesen ist.

Auch in späteren Perioden dürfte dort zumindest ein Wachtposten gewesen sein. Dies überrascht nicht, denn das Geländ bietet sich für eine Befestigung an, auf die man sich in Notzeiten zurückziehen kann. In alten Beschreibungen trifft man auf die Bezeichnung „Scheib'n"; ein Hinweis darauf, daß auf der weithin sichtbaren Kuppe einst das Kreidfeuer loderte, um die Bevölkerung vor einer drohenden Gefahr zu warnen. (Der Name „wanderte" später talwärts; heute heißt eine freie Fläche beim Rastkreuzsattel Scheibe.)

Ein Punkt, der von allen Seiten erspäht werden kann, bietet naturgemäß auch einen prachtvollen Fernblick; das Geländ befriedigt in dieser Hinsicht alle Ansprüche. Neben dem Schneeberg liegen auch etliche Gipfel der Voralpen im Blickfeld, man sieht in das Puchberger Becken und in die Ebene. Grünbach – mit den Resten des Kohlebergwerks – hat man direkt zu Füßen.

Da der westlichste Teil der Hohen Wand noch verhältnismäßig wenig überlaufen und auch nicht für den Autoverkehr erschlossen ist – eine Rarität auf diesem Berg –, bietet sich eine Überschreitung vom Geländ zur Plackles, dem höchsten Punkt der Hohen Wand, an. (Den Sessellift von Grünbach auf die Plackles gibt es schon lange nicht mehr.) Man wandert auf der Sonnseite und kann daher die Tour schon im zeitigen Frühjahr und noch im späteren Herbst ohne Schwierigkeiten absolvieren. Wenn zu Frühlingsbeginn in den Felsen die Küchenschellen blühen, ist die Wanderung besonders schön.

An- und Abstieg führen über steile Hänge, felsiges Terrain jedoch muß man nicht betreten. Die direkte Route von Grünbach auf das Geländ wurde als Judith-Kremer-Weg hergerichtet und neu markiert; sie ist den anderen Anstiegen vorzuziehen, weil man am schnellsten an Höhe gewinnt.

Die Route:

Von der Haltestelle Grünbach-Kohlewerk wandert man zum nahen Grünbacher Sattel. Direkt bei der Bahnübersetzung, unmittelbar vor dem Gasthaus, hält man sich in spitzem Winkel nach rechts und wandert entlang der – leider nicht besonders guten – gelben Markierung nach Osten. Man erreicht die Abzweigung des Judith-Kremer-Weges und steigt entlang der blauen Marken in vielen Kehren zum Gipfelplateau des Geländ mit der privaten Schutzhütte auf. Gehzeit rund 1½ Stunden.

Auf dem rot markierten Güterweg (Nummer 231) geht es in einen Sattel hinab und nach leichter Gegensteigung zum Rastkreuz und zur Rastkreuzhütte. Ab Geländ eine Dreiviertelstunde. Man bleibt auf der roten Markierung, die in gemütlicher Steigung auf die Plackles führt. Ab Rastkreuz eine Stunde.

Rot markiert geht es weiter nach Osten, bald nach der ehemaligen Bergstation des Sessellifts zweigt nach rechts der rot markierte Mir-zwa-Steig ab, dem man folgt. Nach einem steilen Stück gelangt man zur blauen Markierung, entlang der man über den Grafenberg ins Tal und zur Haltestelle Grünbach wandert. Gehzeit ab Plackles 1¼ Stunden.

Die Wanderung läßt sich ohne weiteres ausdehnen. Man könnte etwa von der Plackles bis zur Eichert-Hütte nahe der aussichtsreichen Großen Kanzel gehen und dann erst auf dem blau markierten Grafenbergweg nach Grünbach absteigen.

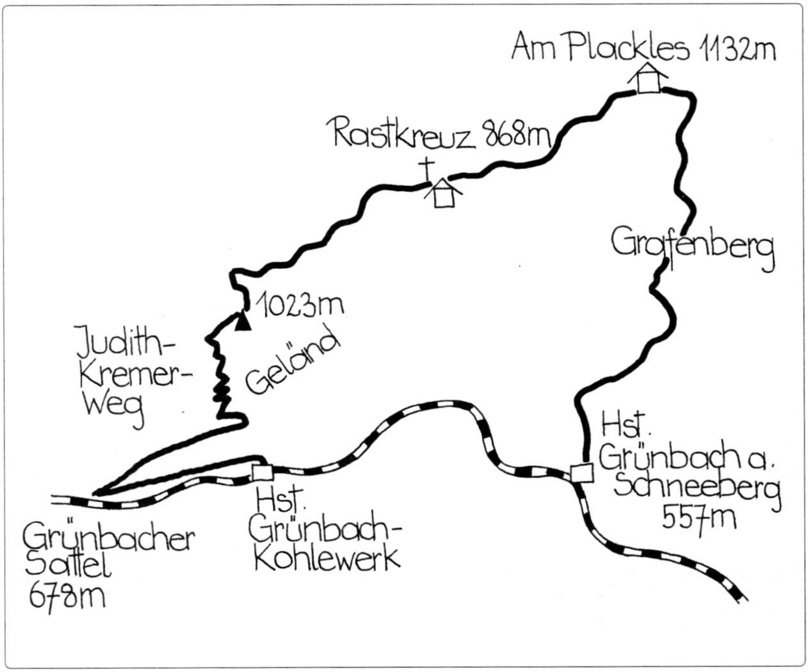

Eine Warte – klein, aber oho!

Von Payerbach über die Gahns nach Gloggnitz

Charakteristik:	mäßig anstrengend, abwechslungsreich; nicht bei Schneelage
Gesamtgehzeit:	5 Stunden
Höhendifferenz:	rund 900 m
Für die Rast:	Waldburganger-Hütte (von 1. Mai bis 26. Oktober an Wochenenden und Feiertagen), Gasthaus in Prigglitz
Ausgangsstation:	Payerbach-Reichenau (Fahrplanbild 5)
Zielstation:	Gloggnitz (Fahrplanbild 5)
Karte:	Freytag-Berndt-WK 022 (Semmering, Rax, Schneeberg)

In einem malerischen Sattel westlich der Gahns liegt die private Waldburganger-Hütte; etwa hundert Schritte daneben steht direkt am oberen Rand der steilen Gahnsleiten die im Jahre 1981 errichtete Schöberlwarte. Sie ist nur ein paar Meter hoch, also ein Zwerg unter den Aussichtstürmen, die Rundsicht von ihrer Plattform aber ist riesig. Schneeberg und Rax hat man sozusagen direkt vor der Nase, Wechsel, Stuhleck und Ochnerhöhe beherrschen das Panorama, selbst ein Zipfel der Eisenerzer Alpen läßt sich erspähen. Dazu kommt ein berauschender Tiefblick in das Schwarzatal und zum einen Teil der Semmeringbahn.

Auf der Route folgt ein Aussichtsplatz dem anderen. Bereits die „Jubiläumsaussicht“ beim Aufstieg bildet den ersten Höhepunkt; da man später immer im Kammbereich bleibt, hat man oft freien Blick, besonders zum Schneeberg.

Über die Gahns stieg im späten 16. Jahrhundert der Hofbotaniker Carolus Clusius, der eigentlich Charles de l'Ecluse hieß, zum Schneeberg auf; er war der erste, von dem man weiß, daß er den höchsten Berg Niederösterreichs erklommen hat. Er schaffte die Tour in zwei Tagen, obgleich er an einem Hüftsgelenksleiden laborierte, und übernachtete in einer Jagdhütte auf der Gahns.

Von der Waldburganger-Hütte erstreckt sich nach Norden die rund drei km lange Bodenwiese, die größte Alm im Schneeberggebiet. Man erzählt, daß sie einst an einem Tag von einem Knecht gemäht wurde, der sich für diese Leistung die Hand einer hübschen Bauerntochter versprach. Obgleich sein Nebenbuhler den Teufel aufstachelte, Nägel in die riesige Grasfläche zu stecken, damit die Sense des Verliebten schartig wurde, konnte er das Werk nicht verhindern, welches man noch heute – auch mit Maschinen – nur schwer zustande brächte. Ob der Knecht seine Angebetete vor den Traualtar geleiten durfte, ist nicht überliefert.

Über die steile Gahnsleiten führen mehrere markierte Wege zur Bodenwiese und Waldburganger-Hütte. Vorzuziehen ist auf jeden Fall die blau markierte Route über den Geyerstein: Die „Jubiläumsaussicht“ sollte man keinesfalls auslassen; zudem ist die Route die kürzeste, wenn auch nicht gerade die flachste. Bei gut dosiertem Anfangstempo sollte das kein Hindernisgrund sein; sobald man die Schutzhütte erreicht hat, sind die Schwierigkeiten vorbei, und man kann geruhsam den Rest absolvieren.

Die Tour ist „gipfellos“, der etwas abseits liegende höchste Punkt der Gahns, der 1352 m hohe Schwarzenberg, wird nicht betreten. Der Schönheit dieser Wanderung tut dies jedoch keinen Abbruch. Der Umweg zu dem vollkommen bewaldeten Gupf steht nicht dafür.

Da die Route praktisch zur Gänze auf der Sonnseite verläuft, kann man sie mitunter bereits im zeitigen Frühjahr oder noch im späten Herbst wagen. Die Hütte ist dann allerdings geschlossen, sie hat auch keinen Winterraum; man braucht daher gutes Wetter.

Die Route:

Am westlichen Ende des Bahnhofs Payerbach-Reichenau beginnt die blaue Markierung, die zum Gasthaus Hochberger und dann relativ steil zum Geyerstein führt. Steil bleibt es noch einige Zeit, ehe sich der Weg in den Sattel mit der Waldburganger-Hütte wendet. Gehzeit ab Payerbach rund 2 Stunden.

Bergauf geht es auch weiter – blaue Markierung, hie und da rote Schilder mit der Nummer 834 –, aber in mäßiger Steigung. Man erreicht eine Kuppe (etwa 1307 m) am oberen Rand der Gahnsleiten, dann folgt ein langer, aber eher gemütlicher Abstieg nach Prigglitz. Gehzeit ab Hütte 2¼ Stunden.

Auf der Straße geht es bis Auf der Wiese; dann wählt man knapp vor einer Kapelle die rote Markierung (Nummer 834), entlang der man über Silbersberg nach Gloggnitz zum Bahnhof gelangt. Gehzeit ab Prigglitz eine Dreiviertelstunde.

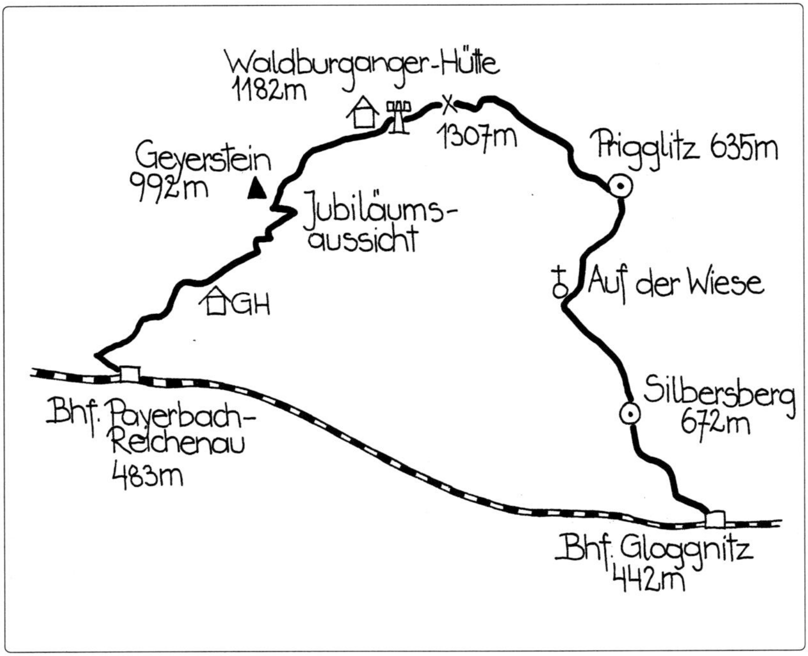

Die „verpflanzte" Hütte

Von Eichberg über den Kreuzberg nach Payerbach

Charakteristik:	nicht beschwerlich, gemütlich; auch bei geringer Schneelage
Gesamtgehzeit:	3½ bis 3¾ Stunden
Höhendifferenz:	500 m im Aufstieg, 650 m im Abstieg
Für die Rast:	Speckbacherhütte (ganzjährig), Gasthof in Kreuzberg
Ausgangsstation:	Eichberg (Fahrplanbild 5)
Zielstation:	Payerbach-Reichenau (Fahrplanbild 5)
Karte:	Freytag-Berndt-WK 022 (Semmering, Rax, Schneeberg)

Im oberen Teil des Wachthüttelkammes auf der Rax stehen die Grundmauern einer kleinen Schutzhütte, die von der alpinen Gesellschaft „D'Speckbacher" gebaut wurde. Sie galt, weil sie direkt am oberen Rand der östlichen Wandflucht des Großen Höllentales lag, als besonders schön und aussichtsreich. Zwischen den beiden Weltkriegen mußte man sie abtragen, weil ihre Abwässer eine der wichtigsten Quellen der Ersten Wiener Hochquellenwasserleitung gefährdeten. Als Ersatz errichtete man auf dem Kreuzberg im Semmeringgebiet ein neue und natürlich größere Speckbacherhütte. Offensichtlich hatte man bei den Speckbachern bei der Wahl eines Standortes immer einen guten Blick, denn die Neohütte – heute auch auf einer Straße erreichbar – liegt ebenfalls auf einem idealen Platz.

Der langgestreckte Höhenrücken zwischen dem Schwarzatal, der Prein und den Adlitzgräben kann es zwar an Höhe nicht mit den Zweitausendern in der Umgebung aufnehmen, der Kreuzberg aber liegt isoliert und bietet daher einen sehr beeindruckenden Rundblick zu Schneeberg, Rax, Sonnwendstein und Semmering. Die Sicht reicht bis in die Ebene, auch Gahns, Kampalpe und Großer Otter gehören zum Panorama.

Das Semmeringgebiet zeigt sich dort von seiner schönsten und lieblichsten Seite, man versteht, warum nach dem Bau der berühmten Bahn die Region einen so großen Aufschwung genommen hat.

Beim gemütlichen Aufstieg vom Bahnhof Eichberg zum höchsten Punkt des Kreuzbergs hat man reichlich Gelegenheit, sich an der Schönheit der Landschaft zu erfreuen, welche durch die vielen mit Felsen durchsetzten Kuppen beiderseits der Adlitzgräben besonders reizvoll wirkt.

Für den Abstieg nach Payerbach bieten sich mehrere Varianten an; empfehlenswert ist vor allem die Route über die Stojerhöhe. Diese liegt über dem Schwarzatal und bietet eine phantastische Aussicht auf Schneeberg und Rax. Allein die Stojerhöhe lohnt die nicht gerade strapaziöse Wanderung, auf der man sich viel Zeit lassen und die Aussicht so richtig genießen sollte.

Der erste Teil der Route über den Eichberg bis zum Sattel oberhalb der Station Klamm-Schottwien ist identisch mit dem Gloggnitzer Ast des Ghega-Bahn-Wanderweges. Allerdings, zu sehen ist die Bahn in diesem Abschnitt nur selten, denn die Route entfernt sich relativ weit von der Bahntrasse, man hört die Züge nur.

Man gelangt auf der Tour zwar über die 1000-Meter-Marke, da man aber relativ hoch beginnt, halten sich die Höhenunterschiede in Grenzen.

Wer die Wanderung etwas ausdehnen möchte, kann die Waldandachtskapelle Maria Taferl auf dem Gotschakogel „mitnehmen“. „Herrn Gottfried Lewitschnig, welcher von hier in die ewigen Jagdgründe hinübergewechselt ist, wurde diese Station zum Gedenken renoviert“ liest man dort auf einer Inschrift. In der Kapelle liegt auch ein Danksagungs-Fürbitten-Buch auf – wenn es nicht gerade einer mitgenommen hat. Vor Jahren wurde ein solches von den Bediensteten der Bahnmeisterei Gänserndorf gestiftet.

Die Route:

Bei der Station Eichberg trifft man auf den mit gelben Tafeln – mit stilisierter alter Lok und Viadukt – gekennzeichneten Ghega-Bahn-Wanderweg, der auch rot markiert ist. Man steigt zum Eichberg auf und in einen Sattel ab. Dort verläßt man den Ghega-Weg, bleibt auf der roten Markierung, die über das Coronakreuz und den Totenberg zur Sommerhöhe und zum Kreuzberg führt. Knapp darauf ist man bei der Speckbacherhütte. Gehzeit ab Station Eichberg rund 2 Stunden.

Von der Hütte geht es gemächlich entlang der roten Markierung über die Kapelle auf dem Kaasbühel hinab zur Stojerhöhe. Dort wählt man die rechts in den Payerbachgraben führende rote Markierung. Man gelangt in die Sohle des Grabens und wandert dann auf der wenig befahrenen Straße nach Payerbach und zum Bahnhof. Gehzeit ab der Speckbacherhütte 1½ bis 1¾ Stunden.

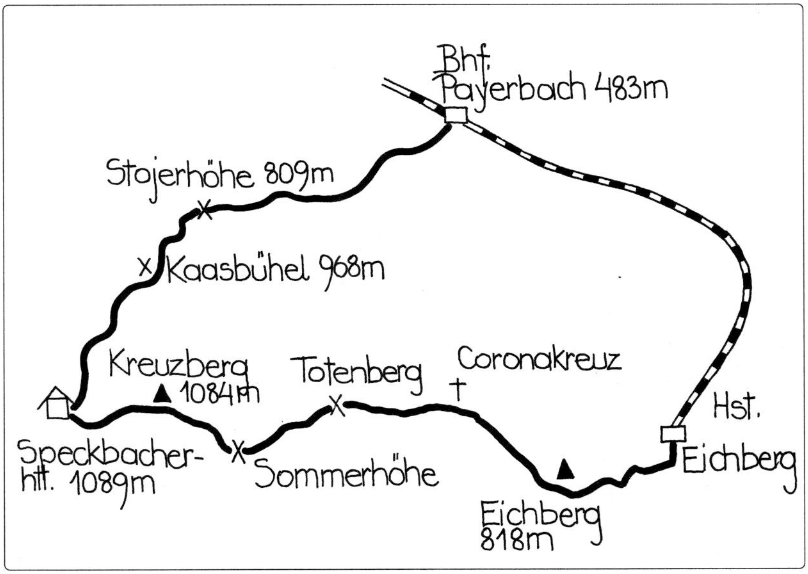

Höchst und höchstgelegen

Der lange Weg vom Hocheck zur Araburg

Charakteristik:	für ausdauernde Geher; von Mai bis Oktober
Gesamtgehzeit:	6¾ bis 7¼ Stunden
Höhendifferenz:	800 m
Für die Rast:	Hocheck-Schutzhaus (Freitag Ruhetag), Burgstüberl (in der Saison)
Ausgangsstation:	Altenmarkt-Thenneberg (Fahrplanbild 11a)
Zielstation:	Kaumberg-Markt (Fahrplanbild 11a)
Karte:	Bundesamtskarte, Blatt 57 (Neulengbach) und 75 (Puchberg am Schneeberg); Freytag-Berndt-Atlas Wiener Hausberge

Schon um die Mitte des 19. Jahrhunderts galt das Hocheck im Triestingtal als einer der lohnendsten Gipfel der Voralpen. Im Jahre 1881 bereits entstand die erste Warte auf dem höchsten Punkt des knapp über 1000 m aufragenden Berges, mehr als 20 Jahre vor dem Bau des Kaspar-Geitner-Hauses, das im Zweiten Weltkrieg abbrannte und später durch eine schmucke Hütte ersetzt wurde. Über den Rundblick von der Plattform schwelgen alpine Autoren in Superlativen. Etwa: „Von der Höhe der Warte entfaltet sich ein herrliches Panorama, welches vom Donautale über das Leithagebirge, die Rosalienkapelle und den Wechsel bis zur

Hohen Veitsch, Schneealpe, zum Hochschwab, Gippel, Ötscher, zur Reisalpe und zum Dürrenstein reicht und dessen Glanzpunkt das herrliche Gebirgsbild gegen Unterberg und Schneeberg ist; das sich am Nordhang hinziehende Triestingtal überblickt man von Altenmarkt bis Kaumberg."

Die Franziska-Warte ist längst den Stürmen zum Opfer gefallen; an ihrer Stelle steht seit 1973 die Meyringer-Warte. Die Aussicht blieb prachtvoll wie eh und je. Das Hocheck ist jener die 1000-m-Marke übersteigende Gipfel, welcher der Großstadt Wien am nächsten liegt.

Den etwas strapaziösen Übergang zur Araburg schätzte man schon vor vielen Jahrzehnten und stufte ihn als „Hohe Route des Triestingtales" ein.

Die Araburg, die „Adlerburg", ist das höchstgelegene Bollwerk Niederösterreichs. Sie entstand in der Mitte des 12. Jahrhunderts auf einem strategisch wichtigen Punkt, der schon viel früher befestigt worden war und von dem der Übergang vom Wiener Becken in das Alpenvorland kontrolliert wurde. Die Jörger (1540–1621) erweiterten die Burg und machten sie zu einem Zentrum des Protestantismus. Im Jahre 1625 ging die Burg in den Besitz des Stiftes Lilienfeld über. Man hielt sie für uneinnehmbar, was sich 1683 beim Ansturm der Türken als falsch herausstellte. Sie wurde ausgeraubt und gebrandschatzt.

Viele Sagen handeln von unterirdischen Gängen und verborgenen Schätzen. Dies löste zeitweise einen Run von „Goldsuchern" aus, die durch Grabungen rasch zu Reichtum kommen wollten. Sie richteten nicht unerhebliche Schäden an; mehr vielleicht als die Türken.

Vor etwa einem halben Jahrhundert hat man die Reste der beachtlichen Anlage restauriert und den Berchfriet zu einem Aussichtsturm ausgebaut. Die Angabe, daß man von der obersten Plattform die Spitze des Wiener Stephansdomes sehen könne, stimmt zwar nicht, der Blick zu den Höhen des Wienerwaldes, bis zu den Kalkalpen, ist jedoch schön genug. In der Burg gibt es auch ein Stüberl, welches in der Saison bei Schönwetter geöffnet hat. Wann Schönwetter herrscht, darüber gehen die Meinungen auseinander.

Die Überschreitung Hocheck – Araburg ist lang und anstrengend, zumal man mehrere Gegensteigungen überwinden muß. Man wandert jedoch durch eine einsame, sehr romantische Landschaft, was die Mühen reichlich aufwiegt. Zudem blühen dort seltene Orchideen.

Die Route:

Vom Bahnhof Altenmarkt-Thenneberg geht man zur Kirche von Thenneberg. Entlang der blauen Markierung – vorbei am Doppelhof – geht es nach einem kurzen Talabschnitt in weiten Kehren den Hang hinauf. Später wechselt man auf die rote Markierung und erreicht nach etwa 2 bis 2½ Stunden ab dem Bahnhof den Gipfel und das Schutzhaus, zu dem von Furth eine Mautstraße führt.

Die weitere Strecke – rot, zum Teil gelb markiert – mit einem steilen Abstieg und mehreren Gegensteigungen umgeht zwar die höchsten Punkte von Hochriegel und Veiglkogel, ist aber sehr kupiert. Man braucht etwa 4 Stunden bis zur Araburg.

Dann folgt – rot markiert, teilweise grün – der zuerst steile, dann aber gemütliche Abstieg über den Mayerhof nach Kaumberg. Gehzeit ab Araburg eine Dreiviertelstunde.

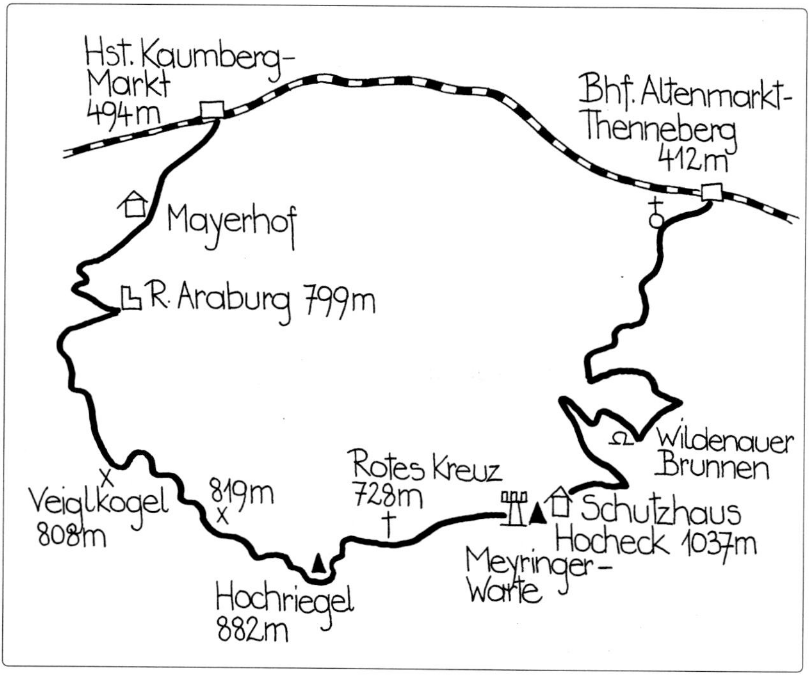

Drei Hütten und ein Doppelklo

Von Rohrbach auf den Lindenstein und Kirchenberg

Charakteristik:	nicht beschwerlich, anregend; nicht bei Schneelage
Gesamtgehzeit:	3½ Stunden
Höhendifferenz:	rund 500 m
Für die Rast:	Lindensteinhütte, Hainfelder Hütte, Liasnböndlhütte (alle Wochenendbewirtschaftung)
Ausgangsstation:	Rohrbach an der Gölsen (Fahrplanbild 11a)
Zielstation:	Hainfeld (Fahrplanbild 11a)
Karte:	Bundesamtskarte, Blatt 56 (St. Pölten); Freytag-Berndt-Atlas Wiener Hausberge

Den Lindenstein – ein Felsenturm, der von der Rückseite leicht erstiegen werden kann und eine schöne Aussicht bietet – kannten bis zum Ende der 80er Jahre die wenigsten Bergwanderer, denn zu ihm führte kein markierter Weg. Und wenn man schon auf den bekannten Kirchenberg bei Hainfeld wanderte, dann wählte man sicher eine andere Route. Im Jahre 1985 wurde neben dem markanten Felszacken die kleine, aber überaus gemütliche Lindensteinhütte eröffnet, die mit einer recht seltsamen „Attraktion" aufwartet: Sie hat ein Plumpsklo mit zwei Sitzen.

Daß man eine bemerkenswerte sanitäre Einrichtung hat, dessen ist man sich in der Lindensteinhütte bewußt; sonst hinge kaum im Gastraum ein Farbphoto des Doppelklos. In einem Prospekt liest man Wissenswertes über den Drei-Hütten-Weg und von „seltsamen Hüttenspielen“ am Fuße des Lindensteins. Näheres kann man allerdings darüber nicht erfahren.

Den Höhepunkt des Drei-Hütten-Weges, der sich großer Beliebtheit erfreut, stellt der Kirchenberg dar. Von der Hainfelder Hütte auf dem Gipfel und einem danebenliegenden Aussichtsfelsen hat man einen beachtlichen Rundblick, der u. a. Schneeberg, Rax, Gippel, Schneealpe, Reisalpe, Hochstaff, Jochart, Höhenberg, Hocheck, Kieneck, Peilstein und Schöpfl umfaßt. Nahe der Hainfelder Hütte gibt es auch eine kleine Kletterschule.

Berühmt ist das Gebiet rund um den Kirchenberg – der in alten Karten als Suchtalerhöhe aufscheint – wegen seiner Pflanzenwelt. Die Schneerose blüht schon im späten Herbst, mehrere Orchideenarten – darunter die überaus seltene Hirschzunge –, verschiedene Enziane und die Türkenbundlilie sind dort zu finden. Es versteht sich natürlich von selbst, daß man die geschützten Blumen in Ruhe läßt.

Einst machte der Kirchenberg auch als Skiberg Furore, bis 1963 fanden auf den steilen Hängen sogar Meisterschaften statt. Heutzutage zieht es nur Tourengeher auf den Berg, denn man muß zu Fuß oder mit Fellen gehen, was dem normalen Skiläufer mit den monströsen Plastikschuhen unmöglich ist.

Auf der Liasnböndlhütte versteht man es besonders gut, die Sommersonnenwende zu feiern. Da geht es meist hoch her, weil auch die Musik aufspielt und getanzt wird. Für den Heimweg nach Hainfeld aber braucht man eine Taschenlampe. Wenn man vorher den Lindenstein und den Kirchenberg besucht – und von diesem den Sonnenuntergang bewundert – ergibt das eine überaus stimmungsvolle Tour.

Der Drei-Hütten-Weg weist keine Schwierigkeiten auf, er ist gut markiert und beschildert. Obgleich die Route manchmal über steile Hänge verläuft, bleibt der Weg ohne „Kniaschnakler“, weil er die Steigungen bzw. das Gefälle in Serpentinen überwindet.

Die drei Schutzhütten haben keinen Pächter, sie werden von Vereinsmitgliedern bewirtschaftet, die auch an schönen Tagen in der kalten Jahreszeit dafür sorgen, daß der Wanderer offene Türen vorfindet.

Die Route:

Von der Station Rohrbach an der Gölsen geht man zur Bundesstraße 18; auf der anderen Seite beginnt die grüne Markierung, die über viele Wiesen (Aussicht!), vorbei am Schadenhof, zur Höhe führt. Nach einer knappen Stunde ist man bei der Lindensteinhütte und sollte nicht versäumen, den Felszacken des Lindensteins zu erklimmen.

Entlang der grünen Markierung geht es weiter in einen Sattel; dort wechselt man auf die blaue Markierung, erreicht einen Rücken und gelangt nach links auf den Gipfel des Kirchenbergs. Gehzeit ab Lindensteinhütte 1¼ Stunden.

Für den Abstieg wählt man die rote Markierung, die in einigen Kehren in einer guten halben Stunde auf die Terrasse des Liasnböndls mit der gleichnamigen Hütte führt. Weiter geht es entlang der roten Markierung in einen Graben – mit einem Pestkreuz – und dann nach Hainfeld zum Bahnhof. Gehzeit ab Liasnböndl eine Dreiviertelstunde.

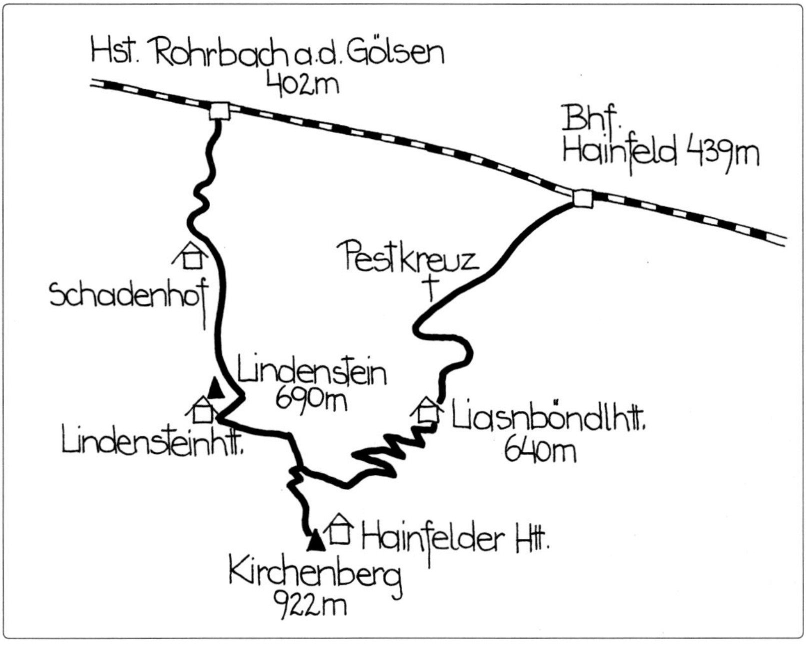

Die älteste Schutzhütte

Von Furthof über den Höger nach Türnitz

Charakteristik:	anstrengend, sehr lohnend; von Mai bis Ende Oktober
Gesamtgehzeit:	$5^{1}/_{2}$ bis 6 Stunden
Höhendifferenz:	fast 1000 m
Für die Rast:	Türnitzer Hütte (in der Saison von Samstag mittag bis Sonntag mittag offen)
Ausgangsstation:	Furthof (Fahrplanbild 11a)
Zielstation:	Türnitz (Fahrplanbild 11a)
Karte:	Bundesamtskarte, Blatt 73 (Türnitz) und 74 (Hohenberg); Freytag-Berndt-Atlas Wiener Hausberge

Der 1373 m hohe Türnitzer Höger – in manchen Karten auch als Högerberg verzeichnet –, im Zwickel zwischen den Tälern der Traisen und Unrechttraisen, löst bei Bergwanderern unterschiedliche Gefühle aus. Die Anstiege zum Gipfel und zu der knapp darunter liegenden Schutzhütte sind lang, beschwerlich und obendrein wenig aussichtsreich. Fast tausend Höhenmeter hat man in den Beinen, ehe man den höchsten Punkt erreicht. Der Ausblick vom Gipfel und der Gipfelwiese entschädigt jedoch für die Strapazen des Aufstiegs reichlich.

Die Sicht über die Voralpen in der Nachbarschaft, zum Ötscher und zu den

Erhebungen der steirisch-niederösterreichischen Kalkalpen läßt auch kühle Naturen nicht unbeeindruckt. Ein Sonnenuntergang auf dem Gipfel des Högers zählt zu jenen Erlebnissen, von denen man noch sehr lange zehrt. Nur, die Hütte ist lediglich von Samstag auf Sonntag offen, was die Möglichkeit einer Übernachtung einschränkt. Es gibt aber einen tadellosen Winterraum, der stets zugänglich bleibt und allen Ansprüchen gerecht wird.

Die Vorzüge des Türnitzer Högers haben sich offensichtlich schon früh herumgesprochen, denn 1895 erbaute der Österreichische Gebirgsverein im Gipfelbereich die erste Schutzhütte der Voralpen. Sie ist noch heute ein sehr gemütlicher Rastplatz und wird von Vereinsmitgliedern einfach bewirtschaftet. Diese sehen im Bergwanderer nicht den zahlenden Gast, sondern den Freund.

Im übrigen hält man auf dem Höger augenscheinlich auf gute Manieren, selbst die Jagdherren befleißigen sich eines sonst nicht üblichen Tones. Der Wanderer wird höflichst gebeten, die Wege nicht vor Sonnenaufgang und nach Sonnenuntergang zu begehen, um das Wild nicht zu beunruhigen. Der Bitte sollte man nachkommen.

Beachtenswert ist die Blumenwelt mit vielen alpinen Pflanzen. Diese bewundert man und läßt sie in Ruhe, damit dieses Kleinod der Voralpen in voller Schönheit erhalten bleibt. Obgleich es der Berg an Höhe nicht mit Gippel, Göller oder Ötscher aufnehmen kann, hat er durchaus alpinen Charakter; die Wege sind weder gefährlich noch schwierig.

Knapp unter dem Gipfel liegen die Eingänge zu einem ausgedehnten Höhlensystem, das allerdings dem Kundigen und Erfahrenen vorbehalten bleibt und nur mit entsprechender Ausrüstung und mit Führung durch einen Ortskundigen befahren werden kann. Das Goldloch hat immerhin eine Länge von über 600 m, bei einem Höhenunterschied von 109 m.

Der Türnitzer Höger hat anscheinend in den letzten Jahren an Anziehungskraft verloren, er scheint auch viel seltener als früher in den Wanderprogrammen der alpinen Vereine auf. Es ist ein bißchen still um ihn geworden, trotz seiner Schönheiten. Das hat wahrscheinlich seine Ursache in dem Umstand, daß Rundtouren – bei denen man wieder zum Ausgangspunkt zurückkommt – nur sehr schwer oder nur mit einem längeren Straßenmarsch zu absolvieren sind. Der Höger ist aber ideal für eine Streckentour.

Die Route:

Von der Haltestelle Furthof führt die rote Markierung in das enge Rasttal (Högerbachtal); dann beginnt der etwas steile Anstieg durch den Dachsgraben. Nach einer Verflachung geht es in vielen Kehren den Hang hinauf, man passiert eine Quelle und erreicht kurz darauf die freie Gipfelwiese und den höchsten Punkt des Högers. Gehzeit ab Haltestelle Furthof 3 Stunden.

Die schönste Abstiegsroute verläuft über den nach Westen ziehenden Kamm. In stetem Wechsel von steileren und flacheren Abschnitten erreicht man den markanten, felsigen Geyerstein; dort wendet sich der Pfad scharf nach rechts in den Hang und in das Scharbachtal. An der Waldandacht vorbei wandert man nach Türnitz und zum Bahnhof. Gehzeit ab Högerhütte 2½ bis 3 Stunden.

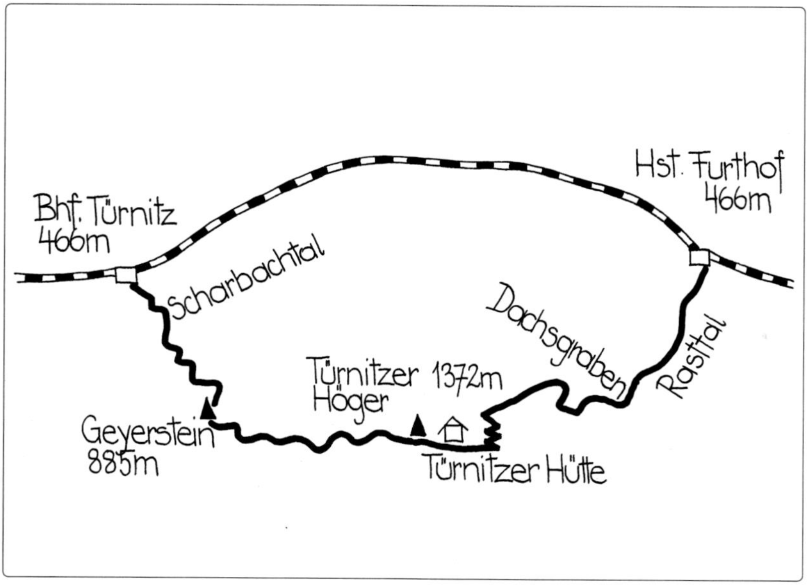

Der Lenz beginnt im Herbst

Über die Paulmauer zum Hohenberger Gschwendt

Charakteristik:	mäßig anstrengend; von April bis November
Gesamtgehzeit:	5 Stunden bzw. 5¼ bis 5½ Stunden
Höhendifferenz:	700 m
Für die Rast:	Zdarsky-Hütte, Gschwendt-Hütte
Ausgangsstation:	St. Aegyd am Neuwalde (Fahrplanbild 11a)
Zielstation:	Hohenberg (Fahrplanbild 11a)
Karte:	Bundesamtskarte, Blatt 73 (Türnitz) und 74 (Hohenberg); Freytag-Berndt-Atlas Wiener Hausberge

Blüten das ganze Jahr über gibt es in unseren Breiten keineswegs nur im Glashaus oder im Wintergarten, sondern auch in der freien Natur. Die Schneerosen, allgemein als die ersten Frühlingsboten angesehen, entfalten ihre weißen Knospen schon im Herbst, wenngleich sie sich meist unter dem Laub verbergen. Sie blühen auch unter einer Schneedecke. In den Voralpen empfängt der Wanderer den ersten Gruß des Frühjahrs schon im Oktober und November.

Allerdings, auf dem langen Höhenzug vom Traisenberg zum Türnitzer Höger braucht man sich auf keine bestimmte Jahreszeit festzulegen, um sich an

Alpenblumen zu erfreuen, dort blüht es auch zu den anderen Jahreszeiten. Im Frühling folgt den Schneerosen der Seidelbast. Dann überzieht der Petergstamm die felsigen Partien mit einem gelben Kleid und wetteifert an Farbenpracht mit dem Enzian. Nahe der Zdarsky-Hütte entfalten sich die Narzissen in einer Fülle, die jener im Ausseer Land kaum nachsteht. Maiglöckchen und Salomonssiegel leiten zum Sommer über, der etliche Orchideenarten zum Blühen bringt. Im frühen Herbst, wenn sich das Laub zu färben beginnt, sorgen Eisenhut und vor allem der wuchernde Schwalbenwurzenzian für ein grandioses Finale der Farbensymphonie.

Die Paulmauer – die man früher auch „Peilstein" nannte – gilt zu Recht als erstklassiger Aussichtspunkt, mit Sicht auf das Hochschwabmassiv, zu Gippel, Göller, Schneeberg und den vielen bekannten Erhebungen der Voralpen, wie Tirolerkogel, Eisenstein und Türnitzer Höger. Vom höchsten Punkt der Paulmauer nicht zu sehen, weil Bäume vorstehen, wohl aber von vielen anderen Stellen sind Reisalpe und Hochstaff.

Dabei ist die Wanderung über den Höhenzug nicht besonders anstrengend, der Aufstieg auf dem Wancura-Steig führt in vielen Kehren gemütlich zur Höhe. Die Bürgeralpe, an deren Ende die Zdarsky-Hütte steht, ist eine besonders romantische Alm, die allein schon einen Ausflug lohnt.

Halbwegs gutes Wetter sollte man haben, denn die Tour läßt sich nur schwer abbrechen. Vorsicht ist im zeitigen Frühjahr geboten, denn das Hohenberger Gschwendt gilt als „Schneeloch".

Die Route:

Beim Bahnhof von Aegyd am Neuwalde beginnt die rote Markierung zum Traisenberg. Bei einer Kapelle erreicht man den Waldrand und den Anfang des Wancura-Steiges. Eine Fahne zeigt an, ob die Hütte bewirtschaftet ist. In vielen Serpentinen geht es auf die Bürgeralpe und zur Zdarsky-Hütte. Gehzeit 1½ Stunden.

Man bleibt auf der roten Markierung und steigt über die Starkhöhe zur Paulmauer auf, wofür man etwa eine Stunde braucht. Nun wandert man – meist auf dem Kamm – über den Linsberg hinweg zum Hohenberger Gschwendt. Gehzeit ab Paulmauer eine Stunde.

Von der Hütte geht es zu einem Parkplatz hinab, bei der Talstation des

Schlepplifts wendet man sich nach links auf den – ebenfalls rot markierten (Nummer 21) – nicht sehr guten Weg, der in einen Graben führt, durch den man die Sohle des Steinparztales erreicht. Auf der schmalen Straße geht es weiter nach Hohenberg und zum Bahnhof. Gehzeit ab Gschwendt-Hütte 1½ Stunden.

Eine Abstiegsvariante: Man wählt vom Gschwendt die rote Markierung (Nummer 22), die über den Kiensteinberg im Höhenzug rechts des Steinparztales führt. Die Route bietet einige schöne Aussichtspunkte. Sie ist allerdings etwas länger; man braucht dann bis Hohenberg 1¾ bis 2 Stunden. Man erspart sich aber den Marsch auf der wenig befahrenen Straße.

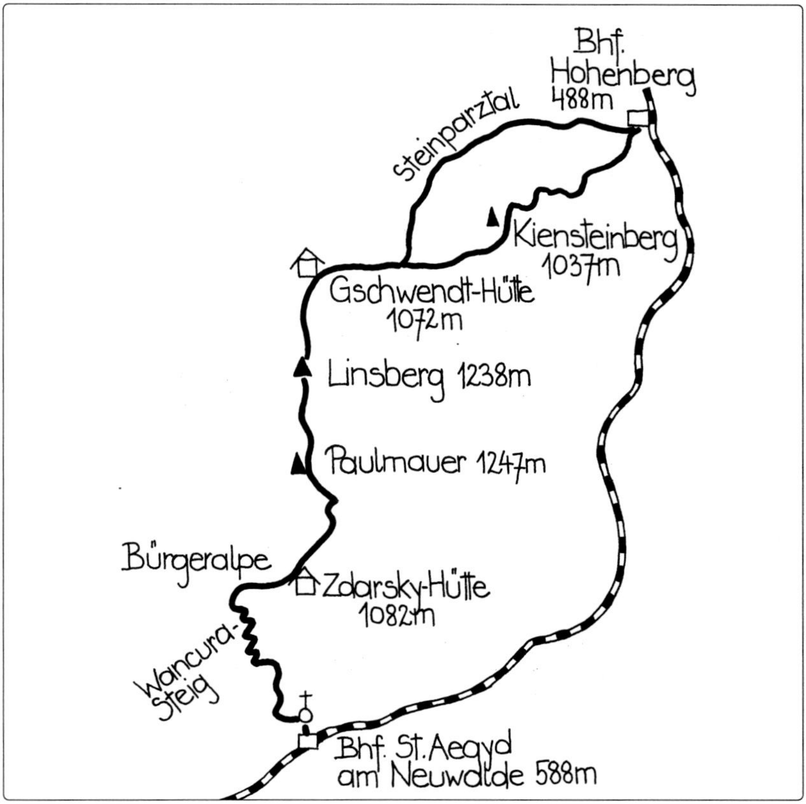

Das Sonnendach ob Lilienfeld

Über den Muckenkogel und die Kloster-Hinteralm

Charakteristik:	wenig anstrengend, abwechslungsreich; von April bis Ende Oktober
Gesamtgehzeit:	4 Stunden
Höhendifferenz:	im Aufstieg etwa 200 m, im Abstieg 800 m
Für die Rast:	Traisener Hütte (ganzjährig, Montag Ruhetag), Lilienfelder Hütte (ganzjährig)
Ausgangsstation:	Lilienfeld (Fahrplanbild 11a)
Zielstation:	Freiland (Fahrplanbild 11a)
Karte:	Freytag-Berndt-Atlas Wiener Hausberge

Die Hochfläche der Klosteralm und der sich vom Muckenkogel zur Hinteralm erstreckende Höhenzug werden auch als das „Lilienfelder Sonnendach" bezeichnet, wobei man eine Anleihe bei den berühmten Kurorten in den Hochalpen nimmt. Ganz unberechtigt ist die Namensgebung nicht, denn im Frühjahr und im Herbst, wenn die Täler noch von einer Nebel- oder Dunstschicht bedeckt sind, die Sonne kaum bis in die Niederungen dringt, herrschen auf der Höhe die besten Wetter- und Sichtverhältnisse.

„Steigt man im Winter um einen Stock, wird es wärmer um einen Rock" lernt man in der Schule über die Inversionswetterlagen; auf dem Sonnendach über dem Traisental wird es wärmer um einen Anorak und einen Pullover. Zu schwitzen braucht man beim Aufstieg jedoch keineswegs, denn bis zur Klosteralm gibt es einen Sessellift, den man benützt, um rasch in höhere Regionen zu kommen und den Mißlichkeiten und Querelen des Alltags zu entfliehen.

Die Aussicht von der Kloster-Hinteralm mit der Traisener Hütte überzeugt auch pessimistische Naturen, denn man sieht bis zu den Hochalpen mit dem herausragenden Schneeberg, hat bekannte Gipfel der Voralpen direkt vor der Nase und erfreut sich am Blick zu den Erhebungen des Wienerwaldes.

Obwohl man das Gebiet sehr gut erschlossen hat und zur Winterszeit dort die Skifahrer sehr gute Pisten und Abfahrten vorfinden, wartet die Fauna mit einer beispiellosen Vielfalt auf. Rund ein Dutzend Orchideenarten blühen auf den Hängen und Matten, dazu die verschiedenen Enziane und der Türkenbund. An versteckten Stellen kommt auch die herrliche Feuerlilie vor, die früher in stattlicher Zahl blühte, aber von „Blumenfreunden" arg dezimiert wurde. Sie soll angeblich dem Stift Lilienfeld den Namen gegeben haben.

Die starke Gliederung, der Wechsel von felsigen Szenerien mit sanften, grünen Almen verleihen der Landschaft große Anziehungskraft. Der steile Abfall, durch den der Weg nach Freiland führt, weist mehrere Felspartien auf, die mitunter auch Kletterer zu waghalsigen Touren locken.

Der Muckenkogel gilt als die Wiege des österreichischen Skilaufs; bereits im Jahre 1905 fand dort der erste Slalom der Geschichte statt. Mathias Zdarsky entwickelte auf den Bergen rund um Lilienfeld die Zweistocktechnik, die sich der norwegischen Art des Skifahrens mit nur einem Stock überlegen erwies. In seinem 1896 erschienenen Buch „Alpine (Lilienfelder) Skifahr-Technik" schrieb er: „Es kann jedermann, sofern er genau nach meinen Angaben vorgeht, in zwei bis sechs Tagen den Ski so beherrschen, daß er jedes Gelände bezwingt."

Da einem der Sessellift den Großteil der Mühen des Aufstiegs abnimmt, zählt die Wanderung zur Kloster-Hinteralm zu den gemütlichen, leichten Touren. Man hat genügend Zeit zum Schauen und Verweilen; auf dem Muckenkogel tummeln sich auch die Paragleiter.

Die Route:

Von der Bahnstation wandert man in einer knappen halben Stunde zum Muckenkogellift und fährt zur Klosteralm. Nun beginnt ein kurzer steiler Aufstieg zum höchsten Punkt des Muckenkogels, auf dem eine Richtfunkstation steht.

Dann folgt man dem Kamm – rot markiert – in südlicher Richtung und erreicht in einer Stunde ab Sessellift die Kloster-Hinteralm mit der Traisener Hütte.

Weiter entlang der roten Markierung in Richtung Sternleiten – bis in eine Verflachung, wo in spitzem Winkel nach rechts die gelbe Markierung zum Schwarzwaldriegel abzweigt. Man folgt den gelben Marken und wandert zur Klosteralm (Wirtshaus) und hinab zur Lilienfelder Hütte auf dem Gschwendt. Gehzeit ab Kloster-Hinteralm 1¼ Stunden.

Der weitere Abstieg führt entlang der grünen Markierung nach Westen. In mehreren Kehren geht es tiefer; bei Freiland erreicht man die Sohle des Traisentales und die Bahn. Gehzeit ab Lilienfelder Hütte rund 1¼ Stunden.

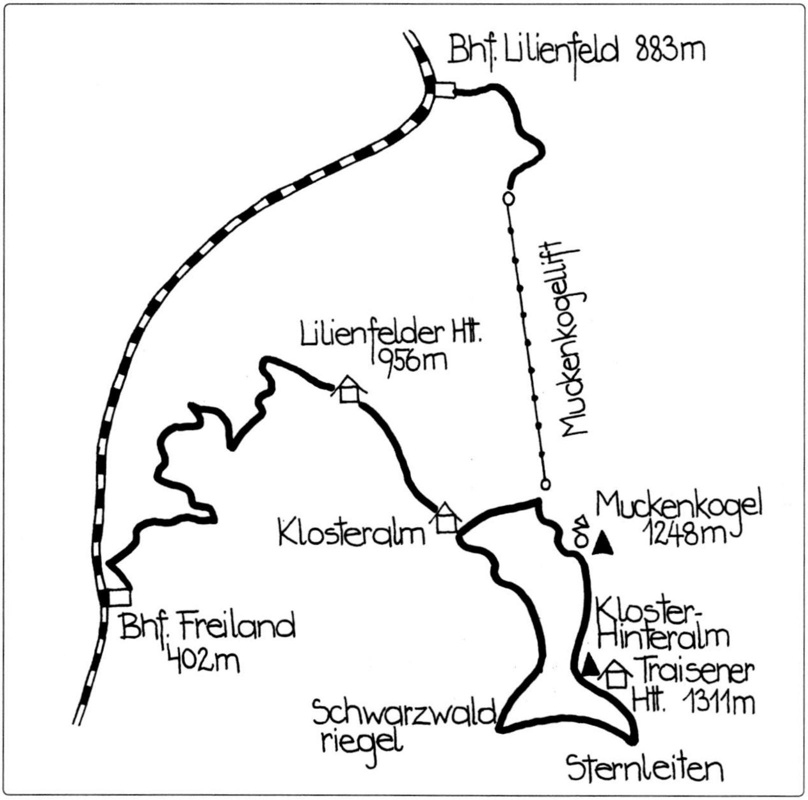

Ein denkwürdiges Jubiläum

Die lange Überschreitung vom Hohenstein zum Eisenstein

Charakteristik:	sehr anstrengend, eventuell mit Übernachtung; von Mai bis Ende Oktober
Gesamtgehzeit:	8 bis 8½ Stunden
Höhendifferenz:	fast 1400 m
Für die Rast:	Otto-Kandler-Haus auf dem Hohenstein, Julius-Seitner-Hütte auf dem Eisenstein (beide Wochenendbewirtschaftung)
Ausgangsstation:	Schrambach (Fahrplanbild 11a)
Zielstation:	Türnitz (Fahrplanbild 11a)
Karte:	Bundesamtskarte, Blatt 73 (Türnitz)

Die Idee lag nahe, von dem im Jahre 1905 eröffneten Otto-Kandler-Haus auf dem Hohenstein zu der 1910 errichteten Julius-Seitner-Hütte auf dem Eisenstein einen Verbindungsweg zu schaffen, um eine höchst interessante Höhenwanderung über die Erhebungen nördlich des Traisentales zu ermöglichen. Die Wiener Alpine Gesellschaft „Ennstaler" stellte sich anläßlich ihres 20jährigen Bestandes die Aufgabe, diese Route zu realisieren und zu markieren. Sie wurde als „Jubiläumsweg" im Sommer 1915 offiziell eröffnet. Das war mitten im Ersten Weltkrieg. Wie die „Ennstaler" das in einer Zeit schafften, da alle wehrtüchtigen Männer in der k. u. k. Armee an den Fronten standen, hat leider niemand überliefert.

Hohenstein und Eisenstein fanden viele Freunde, die nicht zuletzt wegen der herrlichen Aussicht auf die beiden Gipfel pilgern. Über den Rundblick vom Eisenstein schreibt etwa „Förster's Touristenführer" aus dem Jahre 1906: „Die Aussicht vom Gipfel zeigt zunächst im Nordosten den kühn gebauten Hohenstein, darauffolgend nach rechts die Reisalpe und den Türnitzer Höger (rechts dahinter der Schneeberg). Links hinter dem Kamme von Obersberg, Preineckkogel und Gippl glänzt die Rax; zwischen dem Gippl und dem breit gelagerten Göller die Schneealpe und Veitsch. Ahornberg und Sulzberg in der Nähe, die Hochschwabgruppe im Hintergrunde, dann Hochkar, Dürrenstein und der gewaltige Aufbau des Ötscher vervollständigen mit den lieblichen Talblicken und dem von zahlreichen Häuschen und Ortschaften belebten Gebiet der Pielach das wechselvolle Rundbild." Erstaunlicherweise nahm der Autor keine Notiz vom Toten Gebirge mit Großem Priel und Spitzmauer, von den Erhebungen des Böhmerwaldes und Waldviertels; und auch nicht vom markanten Traunstein im Salzkammergut.

Beide Eckpunkte des Jubiläumsweges – der heute auch als Teil eines Weitwanderweges fungiert – zeichnen sich durch eine besondere Vielfalt der Pflanzenwelt aus. Berühmt sind die dort vorkommenden uralten Dirndlsträucher, die von manchen Experten auf ein Alter von rund 500 Jahren geschätzt werden.

Der Weg vom Hohen- zum Eisenstein verlangt sehr gute Kondition, zumal man ja erst aus dem Tal aufsteigen muß. Und die Route durch den Engleitengraben zum Sattel ist auch nicht gerade flach. Auch wenn man schon oben ist, haben die Steigungen noch kein Ende, denn auf dem Übergang muß man zum Teil sehr tief wieder hinabsteigen, um dann wieder an Höhe zu gewinnen. Es zieht sich.

Fühlt man sich den Anstrengungen nicht gewappnet, dann verlegt man die Tour besser auf das Wochenende und plant eine Übernachtung.

Die Route:

Vom Bahnhof Schrambach wandert man entlang der roten Markierung ins Tal des Zögerbaches und in den Engleitengraben. Schließlich verläßt man die Forststraße nach links und steigt steil in den Engleitensattel an. Jetzt geht es nach rechts; auf steinigem Pfad erreicht man den Hohenstein mit dem Schutzhaus. Gehzeit ab Schrambach 3 Stunden.

Nun ein kurzes Stück zurück, dann nach rechts (rote Markierung) und Anstieg zum Anestberg (Ohnistberg), dessen Gipfel man umgeht. Später geht es steil in Serpentinen hinunter und flach weiter zum Gscheid. Es folgt wieder ein steiler Anstieg. Sobald man den Kamm erreicht hat, sind die Mühen vorbei, und man gelangt zur Julius-Seitner-Hütte auf dem Eisenstein. Gehzeit ab Hohenstein 3 bis 3½ Stunden.

Abermals muß man ein kurzes Stück zurück; dann hält man sich rechts entlang der roten Markierung, die über den Hochgraser in den Sulzbachgraben – mit mehreren Mühlen – und nach Türnitz führt. Gehzeit ab Eisenstein 2 Stunden.

Der Standpunkt macht's

Von Kirchberg an der Pielach über den Hohenstein

Charakteristik:	anstrengend, aber sehr lohnend; von Mai bis Oktober
Gesamtgehzeit:	6½ bis 6¾ Stunden
Höhendifferenz:	rund 900 m
Für die Rast:	Otto-Kandler-Haus (Wochenendbewirtschaftung in der Saison), Gasthof Am Himmel
Ausgangsstation:	Kirchberg an der Pielach (Fahrplanbild 11b)
Zielstation:	Schrambach (Fahrplanbild 11a)
Karte:	Bundesamtskarte, Blatt 55 (Ober-Grafendorf) und 73 (Türnitz)

Steigt man von Osten oder Süden auf den Hohenstein, einen der bekanntesten Gipfel der Voralpen, drängt sich unwillkürlich die Frage auf, wie der Berg zu seinem Namen kam. Seine Felswand knapp unter dem höchsten Punkt ist nur aus dem Pielachtal zu sehen, wo der Berg für die Leute eben ein „hoher Stein" ist. Es kommt also, wie so oft, auf den Standpunkt an.

Früher eines der beliebtesten Ausflugsziele der Region, findet der Hohenstein leider nicht mehr den großen Anklang, obwohl er viele Vorzüge hat. Die Aussicht vom kleinen Gipfelplateau kann man nur loben, sie reicht über das Alpenvorland hinweg bis zum Waldviertel; an klaren Tagen erblickt man sogar den Dachstein und einen Teil des Toten Gebirges mit dem Großen Priel. Der

Ötscher mit einigen Nachbarn beherrscht das Panorama. Nicht zuletzt beeindruckt die Sicht in das liebliche Pielachtal.

Als romantisch und überaus abwechslungsreich erweist sich der Abstieg über den Kamm vom Engleitensattel zum „Himmel". Auch wenn man sich nicht immer auf der Schneide bewegt und die Gipfel des Hochkogels und der Roten Mauer umgeht, läßt die Aussicht zu den umliegenden Bergen der Voralpen und zum Schneeberg keinen Wunsch offen. Als nicht weniger romantisch empfindet man den Anstieg über die Schöngrabenspitze und die Ebenwiesen.

So ruhig und beschaulich wie heute war es nicht immer rund um den Hohenstein. In den zwanziger Jahren des 19. Jahrhunderts entdeckte man bei Schrambach und Zögernitz sowie auf der Nordseite des Berges Steinkohle, die man bald ausbeutete. Sie galt als die beste Schmiedekohle der gesamten Monarchie. Bis zu 5000 Tonnen jährlich gewann man auf der Südseite des Hohensteins, nicht ganz so viel in der Sois. Die komplizierten geologischen Verhältnisse erschwerten den Abbau und machten die Minen mit der Zeit unrentabel. Bis knapp nach dem Ende des Zweiten Weltkrieges waren alle Schürfe stillgelegt.

Der Wanderer bemerkt kaum mehr etwas von der einstigen regen Bergbautätigkeit. Er erfreut sich an einer sehr schönen Pflanzenwelt, die im Gipfelbereich schon alpinen Charakter hat.

Die kürzesten Anstiege zum Hohenstein führen durch die engen Täler und Gräben, sie sind aber bei weitem nicht so attraktiv wie die Wege über die Kämme und Rücken; es zahlt sich aus, einen etwas weiteren Marsch in Kauf zu nehmen und dafür mit einer prachtvollen Aussicht belohnt zu werden.

Eine Wanderung auf den Hohenstein verlangt einigermaßen gute Kondition, schon der relativ großen Höhendifferenz wegen.

Die Route:

Bei der Abzweigung der Straße in die Sois in Kirchberg an der Pielach beginnt die gelbe Markierung R 3, entlang der man in einer Stunde zum Dörfl auf der Eben gelangt und dann weiter in den Schöngraben wandert. Dort erreicht man die rote Markierung 06, der man nach rechts folgt. Ab Dörfl eine Dreiviertelstunde.

Nun wird's manchmal recht steil. Teils unter dem Kamm, teils direkt auf der Schneide gelangt man zur Schöngrabenspitze und nach einem leichten Abstieg zur Ebenwiesen. Gehzeit ab Schöngraben 1½ Stunden. Dann folgt der steile Anstieg über viele Kehren zum Otto-Kandler-Haus auf dem Gipfel. Ab Ebenwiesen eine halbe Stunde.

Entlang der roten Markierung steigt man zum Engleitensattel ab und wählt dort die grüne Markierung über einen langen Kamm zum Gasthaus „Am Himmel", welches man nach etwa 1¼ bis 1½ Stunden erreicht. Es folgt – grüne Markierung – ein Anstieg von etwa hundert Höhenmetern; dann wandert man über einen Rücken und das Ratzeneck – zum Schluß in vielen Serpentinen – ins Tal des Zögersbachs und nach Schrambach. Gehzeit ab „Am Himmel" 1½ Stunden.

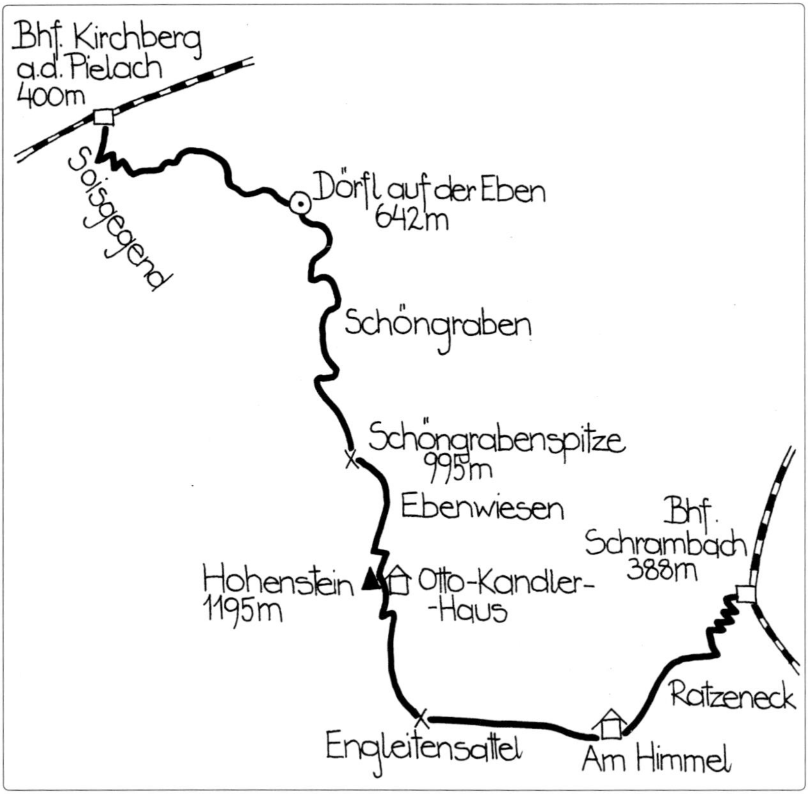

Wie heißt dieser Berg?

Der höchste Gipfel von Frankenfels gibt Rätsel auf

Charakteristik:	mäßig anstrengend; von April bis November
Gesamtgehzeit:	4¾ bis 5 Stunden
Höhendifferenz:	700 m
Für die Rast:	Jausenstation Eibeck
Ausgangsstation:	Unterbuchberg (Fahrplanbild 11b)
Zielstation:	Frankenfels (Fahrplanbild 11b)
Karte:	Bundesamtskarte, Blatt 72 (Mariazell) und 73 (Türnitz)

Der höchste Gipfel der Gemeinde Frankenfels im Pielachtal gibt dem Wanderer Rätsel auf, denn auf Wegweisern und in lokalen Karten entdeckt man recht unterschiedliche Schreibweisen seines Namens: Groman, Gromann, Grohmann, Grohmanberg und Grohmannberg. Eines steht fest: Grobmannberg – wie ihn die österreichische Bundesamtskarte nennt – heißt er mit Sicherheit nicht. In der kleinen Jausenstation Eibeck hält man „Gromann" für die einzig richtige Bezeichnung, weshalb wir uns daran halten wollen.

Ohne Zweifel ist der Berg 1076 m hoch, obgleich auf manchen Wegtafeln seine Höhe mit 1096 m aufscheint.

Die Ursache dieses Wirrwarrs liegt vielleicht darin, daß der Gromann ein weithin unbekanntes Wanderziel ist, welches kaum einmal in die alpine Literatur Eingang gefunden hat. Dabei stehen auf dem höchsten Punkt ein Gipfelkreuz und ein Rastbankerl. Auch ein Gipfelbuch gibt's, welches zeigt, daß der Berg sehr selten den Besuch eines Wanderers erhält. In zehn Jahren wurde es nicht ausgeschrieben, obgleich man den Gipfelstempel zur Erlangung einer Wandernadel braucht.

Auch ohne „Wandertrophäe" stellt der Gromann ein lohnendes Ziel dar, das größere Beachtung verdiente. Zwar ist der Gipfel bewaldet, daher ist einem die Aussicht verstellt, doch beim An- und Abstieg genießt man von den vielen freien Flächen eine beachtliche Sicht auf die benachbarten Erhebungen der Voralpen und ins Ötschergebiet.

Vor allem aber erweist sich die Route als überaus reizvoll und beeindruckend. Man wandert durch eine typische Voralpenlandschaft mit saftigen Weiden, intakten Wäldern, einsamen Gehöften. Besonders zur Zeit der Baumblüte verwandelt sich die Gegend in einen bunten Garten; im Herbst wieder kann die Route sehr nahrhaft sein. In der Gipfelregion wetteifern Alpenblumen mit der Pracht der Obstbäume.

Die Route:

Achtung! Die Ausgangsstation Unterbuchberg der Mariazeller Bahn ist eine Bedarfshaltestelle; man muß zeitgerecht den Schaffner verständigen, daß man dort aussteigen möchte.

Man übersetzt das Gleis und wandert nach links – rote Markierung mit Nummer 5 –, hinauf zum Vorderen Übergang und gleich wieder hinab ins Predtenbachtal. Sobald man die Talsohle erreicht hat, hält man sich scharf rechts und marschiert – auf Asphalt – ein Stück den Bach aufwärts. Bei der nächsten Abzweigung darf man nicht dem Wegweiser „Predtenbachstein" folgen, sondern hält sich links (der Wegweiser ist etwas versteckt angebracht), um zur Eben aufzusteigen. Weiter geht es nach Fischbachmühl; dort wendet man sich nach rechts und wandert in weitem Bogen aufwärts zum Gsoll und zur Jausenstation Eibeck. Gehzeit ab Unterbuchberg etwa 2¼ bis 2½ Stunden.

Direkt bei der kleinen Gaststätte zweigt in einem spitzen Winkel nach rechts der Weg zum Gromann ab. In der Karte ist die Abzweigung falsch eingezeichnet. Auf einem Güterweg geht es in einen Wiesensattel und dann steil auf dem Kamm zum höchsten Punkt. Auf der Anstiegsroute kehrt man zum Eibeck zurück. Gehzeit zum Gipfel und retour 1½ Stunden.

Rot markiert ist der weitere Weg. Wenige Minuten nach der Jausenstation passiert man eine Eibe und ein Kreuz, dann steigt man auf schmalem Pfad zum Gehöft Baumgarten ab. Auf der Straße wandert man durch das Redtenbachtal – vorbei an einer alten Mühle und einem Wasserfall – nach Frankenfels. Gehzeit ab Jausenstation Eibeck eine Stunde.

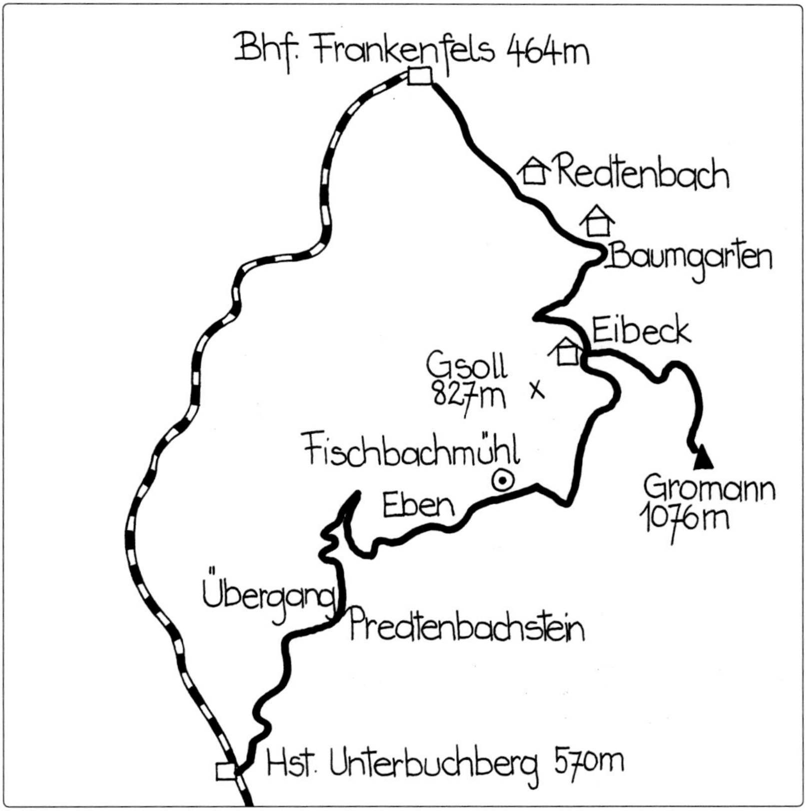

Es ist (nicht) zum Weinen

Vom Pielachtal über Geißbühel und Kaiserkogel

Charakteristik:	relativ lang, aber ungemein schön; nicht bei Schneelage
Gesamtgehzeit:	6 bis 6½ Stunden
Höhendifferenz:	750 m
Für die Rast:	Josef-Franz-Hütte (Wochenendbewirtschaftung), Kaiserkogelhütte (ganzjährig, Dienstag Ruhetag)
Ausgangsstation:	Tradigist (Fahrplanbild 11b)
Zielstation:	Rothenau-Eschenau (Fahrplanbild 11a)
Karte:	Bundesamtskarte, Blatt 55 (Ober-Grafendorf) und 56 (St. Pölten)

Als der Geist der Schöpfung wieder einmal über die Erde flog, um zu beobachten, was aus dieser geworden sei, sah er nur Übeltaten, Neid, Mißgunst und Fehden. Da kollerten ihm die Tränen über die Wangen und fielen auf den Boden, wo sie zu kleinen Lacken wurden, die nie austrocknen und daher „Ewige Tränen" genannt werden. Warum er ausgerechnet über den romantischen und malerischen Voralpenerhebungen von großer Traurigkeit befallen wurde und die Zähren nicht zurückhalten konnte, bleibt ein Rätsel, denn dort ist die Welt noch weitgehend heil; die Bärentaler Lacke, eine dieser „Ewigen Tränen", gilt als besonders reiz- und stimmungsvoller Platz.

Neben dem winzigen Gewässer wachsen zwei mächtige Linden, die laut Angabe im Verzeichnis der Naturdenkmäler uralt sind. Die größere, mit einem Stammumfang von 8,70 m, dürfte seit 400 Jahren, die kleinere (Stammumfang 8,50 m) gar seit 700 Jahren dort stehen. Sie beschirmen die kleine Lacke, die keinen Zu- und Abfluß hat. Ewig scheint sie nicht ganz zu sein, denn in besonders trockenen Sommern verschwindet das Naß zur Gänze, der Boden bleibt bestenfalls feucht.

Die Bärentaler Lacke stellt nur einen Höhepunkt auf dem Weg vom Pielachtal zur Traisen dar. Bereits der Anstieg zum Geißbühel vermittelt eine prachtvolle Fernsicht, die durch jene vom Gipfel und von den freien Flächen bei der kleinen Josef-Franz-Hütte noch übertroffen wird. Man sieht bis ins Donautal und zu den Kuppen des Wald- und Weinviertels ebenso wie zu vielen bekannten Gipfeln der Voralpen, zum Schneeberg und natürlich zum Ötscher, an dessen Anblick man sich auch von der Geiseben, dem Sattel zwischen Tradigist und Eschenau, erfreut. Ungehinderte Sicht zu den Wienerwald-Bergen und ins Alpenvorland bietet die Hütte auf dem Kaiserkogel, in welcher der Wanderer auch den gar köstlichen Schafkäse mit erfrischendem Most zu verkosten bekommt.

Langweilig wird es einem auf dieser Route niemals, wenn man der engeren und weiteren Umgebung nur einigermaßen Aufmerksamkeit schenkt und auch die vielen Blumen am Wegrand nicht unbeachtet läßt. In der Gegend blühen besonders viele Schneerosen. Zahlreiche Birn- und Apfelbäume schmücken im Frühjahr das Land wie mit einem leichten Schleier aus blühendem Tüll, die herbstliche Farborgie braucht keinen Vergleich zu scheuen.

Leider sind einige der hoch gelegenen Bauernhöfe nicht mehr bewirtschaftet oder in Wochenenddomizile umgewandelt, weshalb die Obstgärten mit den vielen Zwetschkenbäumen verwildern.

Geißbühel – auch Gaisbichl, Gaisbühel und Goasbichl genannt – und Kaiserkogel könnte man von Parkplätzen in kürzester Zeit erreichen, doch bringt man sich dann um den Genuß einer überaus abwechslungsreichen Tour. Der erste Aufstieg ist relativ steil, sobald man aber den Geißbühel erreicht hat, sind die Mühen vorbei. Dann geht es sehr gemütlich weiter, so daß die relativ große Entfernung nicht besonders ins Gewicht fällt.

Die Route:

Von der Haltestelle Tradigist steigt man entlang der roten Markierung zum Edelbauern auf; dann wendet sich der Weg auf einen Rücken und durch von Felsen gegliedertes Gelände zum höchsten Punkt des Geißbühels. Gehzeit 1½ Stunden. In einer knappen Viertelstunde ist man bei der Josef-Franz-Hütte.

Dann geht es in Kammnähe hinab in den Sattel beim Zögernitz und auf leicht gewellter Route zur Geiseben. Ab Josef-Franz-Hütte eine Stunde.

Nun wechselt man auf die rote Markierung des Weitwanderweges 06 nach links. Es folgen der Aufstieg zur Bergecke und der Übergang zur Bärenlacke am Fuße des Hirschkogels. Fast eben wandert man in einen Graben; ab dem ehemaligen Gehöft Kaiserberg geht es wieder bergauf, allerdings nicht sehr lang, und man erreicht den Kaiserkogel mit der Hütte. Gehzeit ab Geiseben 1½ bis 2 Stunden.

Rot markiert ist auch der Abstieg vom Kaiserkogel über Kopetzöd nach Steubach, für den man etwa 1¼ Stunden braucht. In nicht ganz halbstündigem Straßenmarsch ist man bei der Station Rothenau-Eschenau.

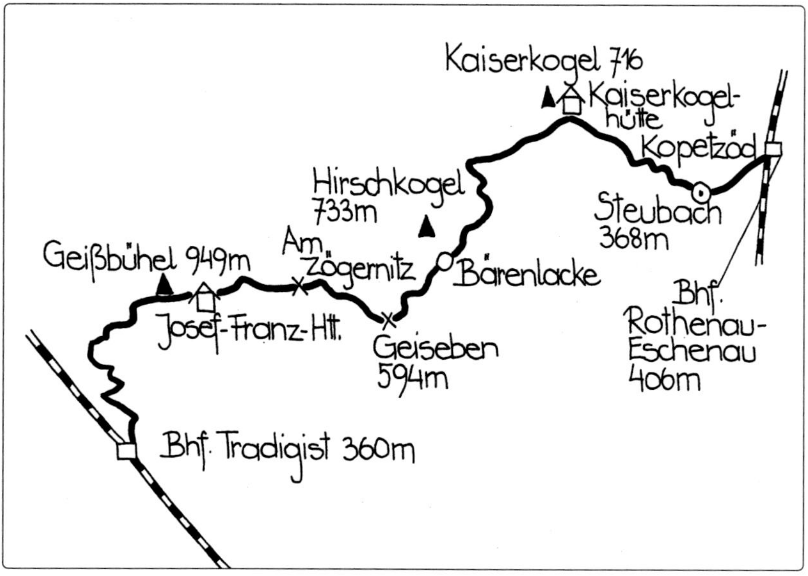

Die beeindruckende Königshöhle bei Baden

Der Hängende Stein als „Plakatwand“ der Naturwacht

Einzigartig im Lande: das Doppelklo vom Lindenstein

Wanderung 17

Sonnenuntergang auf dem Gipfel des Türnitzer Högers

Die Julius-Seitner-Hütte auf dem Eisenstein

Wanderung 24

Der Schneeberg, der König der Norischen Alpen

Der Krummbachstein, von der Rax aus gesehen

Der Eingang zur interessanten Falkensteinhöhle

Der romantische Weg zum Ötschergipfel

Wanderung 31

Auf dem Mariazellerbahn-Wanderweg bei Puchenstuben

Blick vom Schloßkogel auf Sarmingstein und die Donau

Wanderung 35

Die Aussichtswarte auf der Kaisereiche im Leithagebirge

Bergschloß Seebenstein, einst Sitz von blauen Rittern

Wanderung 38

Die Kamptalwarte auf dem heilig-höllischen Berg

Wanderung 39

Das Bähnle auf der europäischen Wasserscheide

Die geschützte Majestät

Mit der Zahnradbahn auf den König der Norischen Alpen

Charakteristik:	leichte Wanderung in hochalpiner Region; von Anfang Mai bis Ende Oktober
Gesamtgehzeit:	3 bzw. 3¾ Stunden
Höhendifferenz:	im Aufstieg 300 m, im Abstieg 600 m
Für die Rast:	Damböckhaus und Fischerhütte (während der Betriebszeit der Bahn offen)
Ausgangsstation:	Hochschneeberg (Fahrplanbild 52e)
Zielstation:	Baumgartner (Fahrplanbild 52e)
Karte:	Bundesamtskarte Rax-Schneeberg; Freytag-Berndt-Atlas Wiener Hausberge

Seit fast hundert Jahren befördert die 1907 eröffnete Zahnradbahn in der schönen Zeit Tausende Passagiere von Puchberg zur höchsten Station Österreichs auf dem Schneeberg, dem „König der Norischen Alpen", wie ihn der Dichter Franz Grillparzer bezeichnete. Und trotzdem ist auf dem weiten Plateau des Ochsenbodens unterhalb des Doppelgipfels Klosterwappen und Kaiserstein kein „Bergdorf" mit pompösen Hotels und Alpindiscos entstanden. Das hat einen einzigen Grund: Der Schneeberg ist Natur- und vor allem Wasserschutzgebiet, an seinem Fuße entspringen wichtige Quellen, die ihr Naß in die Erste Wiener Hochquellenleitung liefern.

Die Abwässer des Hotels bei der Bergstation und der beiden Schutzhütten dürfen nicht im Boden versickern, sondern werden in extra gesicherten Gruben aufgefangen und zu Tal transportiert. Die Hüttenwirte dürfen ihre Geländefahrzeuge nur mit Flüssiggas betreiben, damit bei einem Unfall keine Schadstoffe in die Erde gelangen. Und man paßt sehr genau auf, daß der Bergwanderer sich entsprechend der Ge- und Verbote verhält.

Alle weiteren Erschließungspläne – und deren gab es nicht wenige – kamen ins Archiv. Womit der Wasserschutz auch zum besten Schutz für seine alpine Majestät, den Schneeberg, wurde.

In einem Schneebergführer liest sich die Aufzählung der vorkommenden Bergpflanzen wie ein Lexikon seltener alpiner Blumen: Schneerose, Petergstamm, Kuhschelle, Stengelloser Enzian, Frauenschuh, Glockenblume, Veilchen, Kugelblume, Kohlröserl, Ehrenpreis, Echter Speik, Wundklee, Grasnelke, Behaarte Alpenrose, Stengelloses Leinkraut, Türkenbundlilie, Edelweiß, Alpenampfer, Eisenhut, Salbei und Ungarischer Enzian. Auch das früher gerne gegen Husten verwendete Isländische Moos (Kramperltee) ist anzutreffen.

Die Gemsen treten in Rudeln auf; manchmal hat man den Eindruck, sie hätten einen Vertrag mit der Fremdenverkehrswerbung, daß sie sich nicht zu weit von den Bergwanderern entfernen.

Der Rundblick vom Klosterwappen, dem höchsten Punkt Niederösterreichs, ist einmalig und umfaßt u. a.: Wienerwald, Hohe und Dürre Wand, Leitha- und Rosaliengebirge, Ungarische Tiefebene, Neusiedler See, Hochwechsel, Fischbacher Alpen (Stuhleck), Hochlantsch, Veitsch, Hochschwab, Gesäuseberge, Hallermauern, Totes Gebirge (Großer Priel, Warscheneck), Gippel, Göller, Schneealpe, Ötscher, Kieneck und Unterberg.

Vom etwas niedrigeren Kaiserstein sieht man in das mächtige Kar der Breiten Ries und in das Puchberger Becken – wie aus einem Flugzeug, stellte ein Autor fest.

Trotz der leichten Erreichbarkeit des hochgelegenen Plateaus auf dem Schneeberg und des nicht schwierigen Weges zu den beiden Gipfeln ist bei einer Wanderung Vorsicht geboten. Man befindet sich in einer hochalpinen Region und braucht daher die entsprechende Ausrüstung. Das Wetter kann innerhalb kurzer Zeit umschlagen, bei Nebel und Sturm kommt es leicht zu Orientierungsproblemen.

Die Route:

Von der Bergstation der Zahnradbahn geht man die wenigen Schritte zum Hotel Hochschneeberg und wandert dann entlang der roten Markierung in etwa einer halben Stunde um den Waxriegel herum zum Damböckhaus. Dort wählt man die grüne Markierung, entlang der man über den Ochsenboden die Hackermulde sowie den Aufstieg zur Fischerhütte und zum Kaiserstein erreicht. Gehzeit ab Damböckhaus eine Stunde. In einer weiteren Viertelstunde ist man auf dem Klosterwappen.

Der Abstieg erfolgt entlang der gelben Markierung zum Ochsenboden; dann wandert man entlang der grünen Marken zum Damböckhaus und zur Bergstation. Gehzeit ab Gipfel 1¼ Stunden.

Die Wanderung läßt sich leicht erweitern, wenn man entlang der gelben Markierung immer in der Nähe der Bahn zur Station Baumgartner absteigt. Gehzeit ab Bergstation eine Dreiviertelstunde.

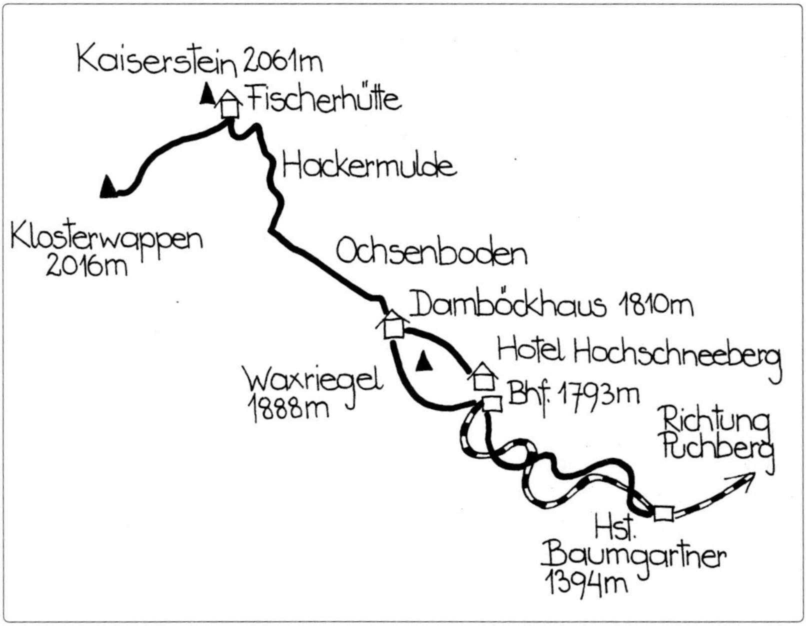

Ein Berg für Kenner

Auf den Krummbachstein und durch die Eng

Charakteristik: relativ leicht; von Anfang Mai bis Anfang November

Gesamtgehzeit: 4 bis 4¼ Stunden

Höhendifferenz: im Aufstieg rund 250 m, im Abstieg rund 1100 m

Für die Rast: Friedrich-Haller-Haus

Ausgangsstation: Puchberg am Schneeberg (Fahrplanbild 52d) bzw. Baumgartner (Fahrplanbild 52e)

Zielstation: Payerbach-Reichenau (Fahrplanbild 5)

Karte: Bundesamtskarte Rax-Schneeberg, Maßstab 1:25.000

Die Wiener Hausberge sind sicherlich nicht arm an schönen Anstiegen und Gipfeln. Der Krummbachstein im südlichen Vorfeld des Schneebergs, hoch über dem Höllental, stand und steht ein wenig im Schatten der höheren und berühmten Nachbarn. Trotzdem gilt er unter Kennern als Aussichtsberg par excellence, wobei die Wege zum höchsten Punkt nicht weniger interessant sind als der Gipfel.

Mag sein, daß der Krummbachstein auch deshalb nur ein Berg für Kenner geblieben ist, weil die Ortsbezeichnungen so gar nicht den Reiz der Landschaft widerspiegeln. Da steht das Friedrich-Haller-Haus am Rande einer idyllischen

Wiese, die anderswo wohl Märchengrund oder Feenboden hieße. Tatsächlich heißt sie Knofeleben. Oder: Der schluchtartige Graben zwischen Feuchter und Saurüssel – auch nicht gerade einladende Namen – wäre in einer anderen Region sicherlich auf dem Titelblatt eines Fremdenverkehrsprospekts zu finden und würde vielleicht Teufelstobel genannt. Am Krummbachstein sind offensichtlich keine Reklameexperten am Werk, die Schlucht heißt dort schlicht „Eng".

In dieser Eng liegen die Reste einer alten, einst rund 7 km langen Holzriese, auf der die Baumstämme ins Tal befördert wurden. Bis nach dem Zweiten Weltkrieg gab es dort auch ein kleines, sehr bescheidenes Gasthaus. Die Holzfäller, denen die schwere und gefährliche Arbeit nur unzureichend abgegolten wurde, lebten unter grauslichen Bedingungen.

Im Jahre 1981 ließ das Forstamt der Stadt Wien ein kurzes Stück der Riese wieder herstellen, getreu dem Original: nur mit Holzzapfenverbindungen und ohne einen einzigen Nagel. Ein Denkmal der Arbeit ganz besonderer Art.

Der Gipfel des Krummbachsteins bietet eine herrliche Sicht auf den Schneeberg, auf die Rax, in das romantische Höllental und ins Wechselgebiet. Auch der Blick in die Ebene beeindruckt. In alten Beschreibungen wird das Erlebnis eines Sonnenaufgangs mit Lobeshymnen bedacht. Vor 150 Jahren schrieb der Freiherr von Augustin: „Lange stand ich bewundernd da, während meine Gedanken zum Gebet wurden ..."

Phantastisch ist auch die Blumenwelt des Krummbachsteins. Bis in den Herbst blühen seltene Alpenpflanzen, im Frühjahr sind die Felsen mit einem gelben Mantel aus Petergstamm überzogen. Der gesamte Bereich ist Natur- und Wasserschutzgebiet.

Läßt man sich einen erheblichen Teil des Anstiegs von der Zahnradbahn auf den Schneeberg abnehmen, dann wird die Bergwanderung auf den Krummbachstein eine recht gemütliche, aber höchst interessante Tour, bei der man genug Zeit hat, die grandiose Umwelt zu genießen.

Die Route:

Von der Station Baumgartner der Zahnradbahn wählt man die rote Markierung, die in den Krummbachsattel führt. Dort wählt man den grün markierten Schiblsteig und erreicht – vorbei an der unbewirtschafteten Alpenfreundehütte – den Gipfel des Krummbachsteins. Ab Baumgartner 1½ bis 1¾ Stunden. Grün markiert ist auch der etwas felsige Abstieg zum Friedrich-Haller-Haus auf der Knofeleben. Gehzeit ab Krummbachstein eine halbe Stunde.

Rot und gelb markiert ist der Weg, auf dem man durch den Promiskagraben in die Eng gelangt. Neben den Resten der alten Holzriese steigt man tiefer – rote Markierung, Mariensteig –, passiert den Scheiterplatz und kommt ins Schneedörfl. Bis zum Bahnhof Payerbach-Reichenau ist es nur noch ein Katzensprung. Gehzeit ab Knofeleben 2 Stunden.

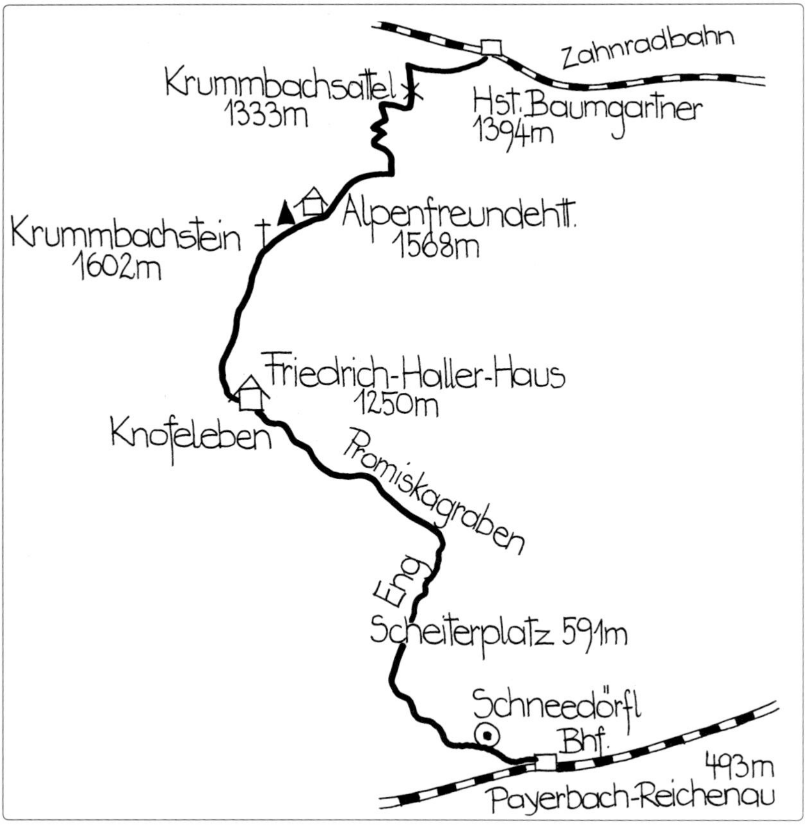

Luckert und kompakt

Von Prein zur Luckerten Wand und Falkensteinhöhle

Charakteristik:	teilweise steiler Anstieg, sonst nicht beschwerlich; April bis November
Gesamtgehzeit:	3¾ bis 4 Stunden
Höhendifferenz:	700 m
Für die Rast:	Speckbacherhütte auf dem Kreuzberg
Ausgangsstation:	Payerbach-Reichenau (Fahrplanbild 5)
Zielstation:	Breitenstein (Fahrplanbild 5)
Karte:	Bundesamtskarte, Blatt 104 (Mürzzuschlag); Freytag-Berndt-Atlas Wiener Hausberge

Die Luckerte Wand – eine schmale Felsschneide mit zwei Durchgangshöhlen – wird von den Wanderern etwas stiefmütterlich behandelt; zum einen, weil sie im „Schatten" der wesentlich bekannteren Rax steht, zum anderen, weil die Markierungen und Wege nicht in Ordnung waren. Nun aber hat man die Routen gut beschildert und gekennzeichnet, so daß einem Besuch der löchrigen Felsmauer nichts mehr entgegensteht. Von der höchsten Stelle der leicht ersteigbaren Schneide hat man einen umfassenden Blick zum Schneeberg, zur Rax, zur Schneealpe und zur Veitsch, ins Preintal und ins Semmeringgebiet. Auf dem Gipfel steht auch ein Rastbankerl, welches kurioserweise die Schiffswerft Korneuburg gestiftet hat.

Die nach Süden überhängende Wand ist ein Abri, wie er im Büchl steht, und könnte schon den Menschen der Steinzeit als Unterstand gedient haben. Nachgewiesenermaßen war die Prein schon sehr früh besiedelt; Archäologen fanden dort die Reste eines aus der Bronzezeit stammenden Ofens zur Verhüttung von Kupfererzen, die dazugehörenden Minen sucht man immer noch.

Auf der Route liegt auch das Geißkirchl, eine in einer kleinen Durchgangshöhle untergebrachte Marien-Kultstätte, die am 15. August 1913 vom christlichen Verband der weiblichen Hausbediensteten gestiftet wurde. Da sich der Name vom keltischen „geis" ableitet, welches auf einen Ort hindeutet, der nicht von jedermann oder nicht zu jeder Zeit betreten werden durfte, weist dies auf ein altes heidnisches Heiligtum hin, welches man „christianisiert" hat.

Felslöcher gibt es nicht nur auf der Luckerten Wand – nicht lucket, wie es in den Karten steht – und beim Geißkirchl, sondern auch in der sonst sehr kompakten Falkensteinwand. Die rund hundert Meter lange Falkensteinhöhle, die man über eine hölzerne Treppe sehr leicht erreichen kann, besteht teilweise aus Marmor und weist schöne, leider beschädigte Tropfsteinbildungen auf. Für den Besuch braucht man eine Taschenlampe; Fackeln darf man nicht verwenden, denn in der Höhle leben Fledermäuse und sehr seltene Kerbtiere.

Beiderseits des Höhleneingangs führen Dutzende, äußerst schwierige, Kletterrouten durch die Falkensteinwand; dort tummeln sich die Extremkletterer, die man sehr gut beobachten kann.

Sehenswert ist auch die Pflanzenwelt durch mehrere Arten von Orchideen.

Abgesehen von einem steilen Abschnitt im Anstieg bereitet die Route keinerlei Schwierigkeiten. Auch vom Bereich der Speckbacherhütte hat man eine gute Aussicht.

Die Route:

Vom Bahnhof Payerbach-Reichenau fährt man mit dem Bus (gute Verbindungen) in die Prein und wandert entlang der blauen Markierung in den Hollensteingraben, biegt aber bald nach links (Wegweiser „Haakogel") auf einen gelb markierten, schmalen Pfad ab, der in Serpentinen zur Höhe führt. Bei einem malerischen Aussichtsplatz stößt man auf die rote Markierung, der man folgt. Der Abstecher zum völlig bewaldeten Haakogel zahlt sich nicht aus. Von einem Sattel geht es zuerst sanft, dann steil hinauf. Man erreicht eine Forststraße und verläßt diese bald nach links (Vorsicht, die Markierung ist dort teilweise von Gras verdeckt). In Kammnähe steigt man zur Luckerten Wand auf, passiert die kurze Durchgangshöhle und gelangt auf der Ostseite zum höchsten Punkt. Gehzeit ab Prein 1 3/4 bis 2 Stunden.

Nun wechselt man auf die grüne Markierung, die zu einer Forststraße hinab führt. Man folgt dem Wegweiser „Falkensteinhöhle“, über einen kleinen Rücken hinweg erreicht man das Geißkirchl und die Falkensteinwand. Gehzeit ab Luckerter Wand eine Dreiviertelstunde.

Hinab zur Straße und auf dieser nach Orthof; dann wählt man die rote Markierung zur Speckbacherhütte. Gehzeit ab Falkensteinhöhle eine knappe Dreiviertelstunde. Blau markiert ist der Abstieg zur Station Breitenstein, für den man eine halbe Stunde benötigt.

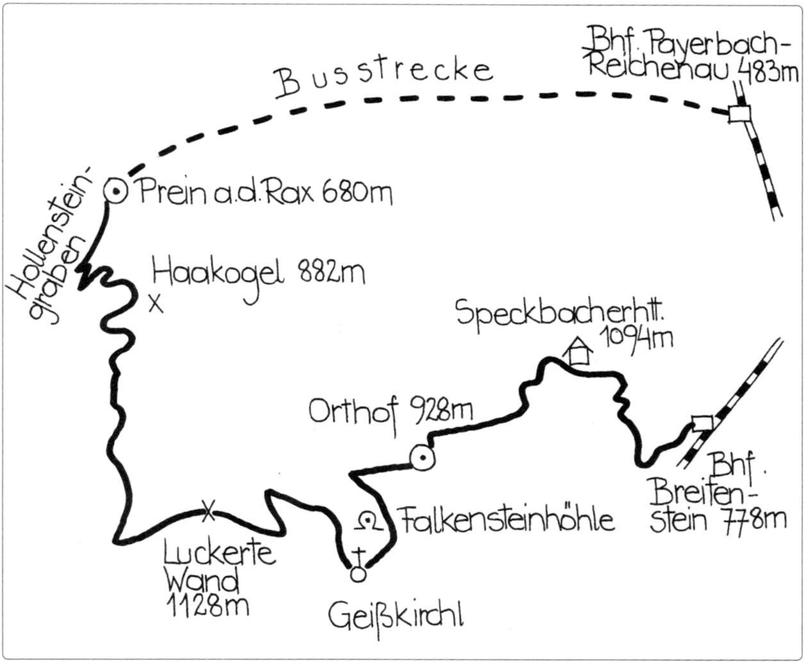

Grenzgänge und Tiefblicke

Die Überschreitung von der Kampalpe zum Semmering

Charakteristik:	etwas anstrengend; von Ende April bis Anfang November
Gesamtgehzeit:	5 Stunden
Höhendifferenz:	fast 1000 m
Für die Rast:	Gasthaus auf dem Pinkenkogel (Montag und Dienstag Ruhetage)
Ausgangsstation:	Spital am Semmering (Fahrplanbild 5)
Zielstation:	Semmering (Fahrplanbild 5)
Karte:	Bundesamtskarte, Blatt 104 (Mürzzuschlag)

Die Überschreitung des Höhenzuges von der Kampalpe über die Ochnerhöhe zum Pinkenkogel ist in jeder Hinsicht eine Grenzwanderung. Zum einen bewegt man sich lange Strecken direkt an der Grenze zwischen Niederösterreich und der Steiermark, zum anderen auf der Trennlinie zwischen Kristallingestein und Kalk. Letzteres verleiht der Tour einen besonderen Reiz. Zur rechten Hand liegen die weiten Kuppen von Hochwechsel, Stuhleck, Pretulalpe und der Fischbacher Alpen, welche die östlichsten Ausläufer der Urgesteinszone bilden. Auf der linken Seite erblickt man immer wieder die Kalkstöcke von Schneeberg, Rax, Schneealpe, Veitsch und Hochschwab sowie Teile der Eisenerzer Alpen und der niederösterreichischen Voralpen.

Zum permanenten Grenzgänger bringt es der Wirt des Gasthauses auf dem Pinkenkogel, denn das Haus liegt zur Gänze auf niederösterreichischem Terrain, der Vorgarten aber im Steirischen. Auf der Speise- und Getränkekarte dominiert mit Schilchergrappa und Kernöl eindeutig das Element der grünen Mark, was man durchaus nicht als Nachteil bezeichnen kann.

Auf dem Weg erlebt man einen ständigen Wechsel des Gesteins und daher eine besondere Vielfalt der Pflanzenwelt, die manchmal hochalpinen Charakter hat. Man kann sich leicht vorstellen, daß auch im Inneren des Berges recht „turbulente" Verhältnisse herrschen, die den Bau der beiden Scheiteltunnel der Semmeringbahn besonders schwierig machten; nicht zuletzt wegen der vielen Wassereinbrüche.

Der Aufstieg auf dem Probststeig zur Kampalpe ist zwar steil, aber sehr abwechslungsreich und landschaftlich überaus schön. Von der kleinen Felskanzel – mit Kreuz – knapp unterhalb des Gipfels genießt man eine traumhafte Aussicht ins Tal der oberen Mürz und nach Mürzzuschlag. Am Rande des Abbruchs steht ein Marterl auf dem Platz, von dem aus ein Drachenflieger zu seinem letzten Flug startete, der im Verderben endete.

Zwischen Ochnerhöhe und Pinkenkogel wird man immer wieder mit schöner Sicht auf die Wiener Hausberge und die vielen Erhebungen des Semmeringgebietes belohnt; attraktiv ist auch der Blick in die romantischen Täler. Ebenfalls zu beobachten ist ein Stück der Semmeringbahn im Bereich des unteren Adlitzgrabens.

Trotz der Schönheit der Route wird sie verhältnismäßig wenig begangen. Erst auf dem Pinkenkogel, der vom Semmering aus sehr leicht erreicht werden kann, beginnt der Andrang, der sich jedoch in Grenzen hält.

Die lohnende Höhenwanderung verlangt einigermaßen gute Kondition, denn man hat mehrere Gegensteigungen zu bewältigen, wovon die letzte – zum Pinkenkogel – zwar kurz, aber sehr steil ist. Außerdem sollte man für die Wanderung einen Tag mit beständigem Schönwetter wählen, denn es bietet sich kaum eine Möglichkeit, vorzeitig in das Tal abzusteigen. Weglos eine „Flucht" in tiefere Regionen anzutreten ist etwas riskant, denn die Hänge sind steil und mit Felsen durchsetzt.

Die Route:

Am östlichen Ende des Bahnhofes von Spital am Semmering trifft man auf die rote Markierung des Probststeiges, die relativ steil zur Bärenwand und dann in vielen Kehren auf die Hochfläche der Kampalpe führt. Gehzeit bis zum Gipfel 2 Stunden.

Nun muß man ein kurzes Stück zurück in einen Sattel, dort hält man sich links entlang der abzweigenden roten Markierung Richtung Pinkenkogel. Den höchsten Punkt des Kerschbaumkogels umgeht man, über die Ochnerhöhe – mit einer Tafel gekennzeichnet – und das Ziereck gelangt man zum Pinkenkogel. Gehzeit ab Kampalpe 2¼ Stunden.

Rot ist vorerst auch der Abstieg zum Semmering markiert, später wechselt man auf die grüne Markierung (Wegweiser „Hochstraße, Panhans") und erreicht auf eher gemütlichem Weg den Bahnhof Semmering. Gehzeit ab Pinkenkogel eine Dreiviertelstunde.

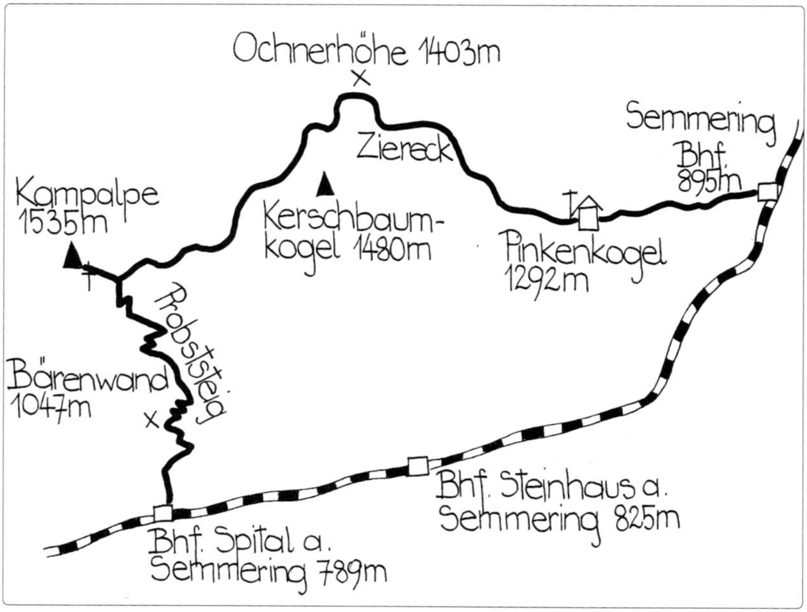

Die prachtvollste Aussicht

Von Steinhaus auf das Stuhleck und nach Spital

Charakteristik:	mäßig anstrengend; von April bis Anfang November
Gesamtgehzeit:	5¾ Stunden
Höhendifferenz:	rund 900 m
Für die Rast:	Karl-Lechner-Haus (an Wochenenden), Alois-Günther-Haus (ganzjährig)
Ausgangsstation:	Steinhaus (Fahrplanbild 5)
Zielstation:	Spital am Semmering (Fahrplanbild 5)
Karte:	Bundesamtskarte, Blatt 104 (Mürzzuschlag); Freytag-Berndt-WK 022 (Semmering, Rax, Schneeberg)

Im Winter herrscht auf dem Stuhleck bei Spital am Semmering hektischer Trubel, denn die Nordhänge des Berges sind für die Skifahrer bestens erschlossen. Sobald aber der Frühling den letzten Schnee geschmolzen hat und die ersten Blüten ihre Köpfe der Sonne entgegenstrecken, wird es ungewohnt still; dann gehören die Matten den Wanderern, die es bekanntlich gerne ruhig haben. Der Gipfel ist ausgenommen, denn er kann auf einer Mautstraße erreicht werden. Es gibt zwar immer wieder Bemühungen, die oberste Region autofrei zu bekommen, doch bleiben – bisher zumindest – die Rückschläge nicht aus.

Als Aussichtsberg kann das Stuhleck mit jeder anderen Erhebung in der näheren und weiteren Umgebung konkurrieren. An klaren Tagen reicht die Sicht bis zum Zirbitzkogel, zum slowenischen Bacherngebirge, zu den Karawanken und zu den Niederen Tauern mit dem Hochgolling. Als einzige Spitze der Hohen Tauern ist der 3076 m hohe Hafner auszunehmen. Ringsum liegen die bekannten Gipfel der steirisch-niederösterreichischen Kalkalpen mit Schneeberg, Rax, Veitsch und Hochschwab. Man sieht den Hochwechsel, den Hochlantsch, die Berge beiderseits des Semmerings mit Kampalpe, Drahtekogel, Pinkenkogel und Sonnwendstein, ganz am Horizont den Hundsheimer Berg bei Hainburg an der Donau sowie sogar ein kleines Stück des Wiener Stadtgebietes. Und damit man sich genau auskennt, steht neben dem Schutzhaus eine Panoramascheibe, auf der allerdings der Dürrenstein in den Ybbstaler Alpen mit Dürnstein in der Wachau verwechselt wurde. Dies stört aber nur sehr penible Naturen.

Der Topograph und Burgschauspieler F. C. Weidmann schrieb schon im Jahre 1852 in seinem Büchlein „Der Tourist auf der Südbahn“ – die damals noch nicht den Semmering erreicht hatte –, das 5634 Fuß hohe Stuhleck biete eine der prachtvollsten Aussichten.

Bereits in den 60er Jahren entstand unweit des höchsten Punktes eine Wetterschutzhütte, 1889 ließ der Spitaler Pfarrer Ödl nahe dem heutigen Lechner-Haus eine Schutzhütte errichten; nicht nur für die Wanderer, sondern in erster Linie für die Skifahrer, die das Stuhleck als hervorragendes und für den neuen Sport besonders geeignetes Gebiet entdeckt hatten. Die freie Gipfelregion erwies sich nämlich bei winterlichen Stürmen als sehr gefährlich. Auf dem Stuhleck gab es knapp nach der Wende zum 20. Jahrhundert den ersten toten Skiläufer; er stürzte nicht zu Tode, sondern erfror im Schneesturm.

Bei schlechtem Wetter kann sich der Berg auch mitten im Sommer von einer unangenehmen Seite zeigen.

Das Stuhleck kann man von mehreren Seiten erreichen; der schönste Anstieg führt zweifellos über den langen Kamm, der im Hocheck gipfelt.

Die Route:

Von der Station Steinhaus geht man in den Ort hinunter und wählt dann die rote Markierung (Nummer 4), entlang der man bald einen langen Kamm erreicht; auf diesem (später rot markiert mit Nummer 5) steigt man auf, wobei man den höchsten Punkt des Hochecks umgeht. Dann hält man sich rechts und gelangt zum Karl-Lechner-Haus. Gehzeit ab Steinhaus 2½ Stunden. Darauf folgt ein dreiviertelstündiger, etwas steiler Abschnitt zum Gipfel des Stuhlecks.

Die rote Markierung Nummer 7, die fast in direkter Linie zu Tal führt, eignet sich am besten für den Abstieg, weil man von der freien Ganzeben noch einmal eine herrliche Aussicht hat. Über die Schwaiger- und die Friedrichshütte – beide meist nur in der Skisaison offen – gelangt man rasch in tiefere Regionen und wandert nach Spital am Semmering, zum Bahnhof. Gehzeit ab Stuhleck 2½ Stunden.

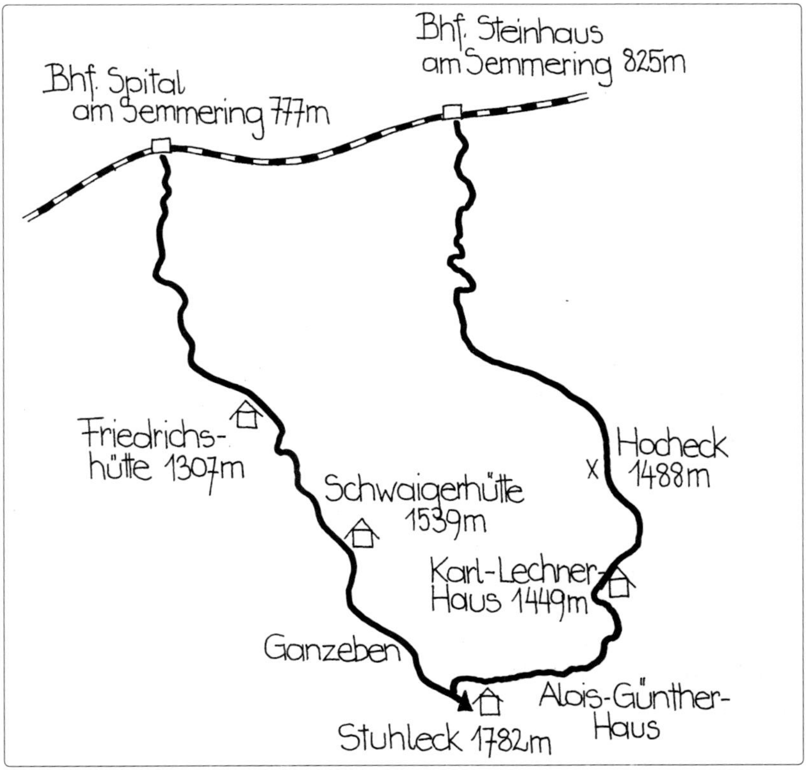

Mumenalpe und Vaterberg

Eine Zweitagestour über Gemeindealpe und Ötscher

Charakteristik:	lang und anstrengend; für Begehung des Rauhen Kammes absolute Trittsicherheit und Schwindelfreiheit nötig; Mai bis Oktober
Gesamtgehzeit:	7 bis 8 Stunden (1 Tag); 6¼ bis 6¾ Stunden
Höhendifferenz:	1000 m (1. Tag); 500 m im Auf-, 1200 im Abstieg
Für die Rast:	Terzerhaus, Ötscherhaus, Ötscherhias
Ausgangsstation:	Mitterbach (Fahrplanbild 11b)
Zielstation:	Erlaufklause (Fahrplanbild 11b)
Karte:	Bundesamtskarte, Blatt 72 (Mariazell)

Der Höhenweg von der Gemeindealpe zum Ötscher zählt zu den klassischen Routen. Als es noch den Sessellift zum Terzerhaus gab, wurde er relativ oft begangen. Nun kommen zum Weg von Schutzhaus zu Schutzhaus noch rund 800 Höhenmeter dazu.

Die phantastische Tour ist nur in zwei Tagen zu bewältigen. Wer die Übernachtung in einem komfortablen Logis jener im Ötscherhaus vorzieht, fährt mit dem Sessellift nach Lackenhof hinab und am nächsten Morgen wieder zur Höhe.

Der Ötscher gehört zu den formschönsten Bergen unserer Heimat, eine in jeder Hinsicht herausragende Erscheinung, welche die Menschen schon immer fasziniert hat. Um keine Erhebung bildeten sich mehr Sagen als um den

Ötscher, dessen Name sich aus dem Slawischen herleitet und „Vaterberg" bedeutet. Ihn hat man auf dem Großteil der ersten Etappe stets direkt vor Augen, wobei allerdings auch die Sicht zu den anderen Bergen ringsum nicht zu verachten ist.

Für den trittsicheren und schwindelfreien Bergwanderer empfiehlt sich der Weg über den etwas ausgesetzten Rauhen Kamm. Dann kommt man nämlich am Tauben- und Geldloch vorbei, den bekanntesten Höhlen der Region. Sie hängen – wie man vor etlichen Jahren entdeckt hat – zusammen. Tief im Inneren des Berges, nur für Höhlenforscher erreichbar, liegt der Melker Dom, der größte Höhlenraum Niederösterreichs, in dem man ohne weiteres das Langschiff der Wiener Stephanskirche unterbringen könnte. Den Anfang des Geldlochs, einer Eishöhle, kann man begehen (Taschenlampen nicht vergessen).

Wer sich dem Rauhen Kamm nicht gewachsen fühlt, wählt besser die Route über den Spielbichler und durch den interessantesten Teil der Ötschergräben. Den Gipfel des Ötschers sollte man nicht auslassen, schon der traumhaften Rundsicht wegen, die bis zu den Hohen Tauern, zum Dachstein, zum Böhmerwald und ins Waldviertel reicht.

Ganz geheuer dürfte früher auch die Gemeindealpe den Leuten nicht gewesen sein, denn in alten Beschreibungen scheint sie als „Mumenalpe" oder „Mummenalpe" auf.

Die Route:

Von Mitterbach steigt man entlang der roten Markierung – teilweise steil – über das Bodenbauereck, ein Gasthaus (Bewirtschaftung unsicher), in 2½ bis 3 Stunden zum Terzerhaus auf dem Gipfel der Gemeindealpe auf. Damit hat man den anstrengenden Abschnitt des ersten Tages hinter sich. Entlang der roten Weitwandermarkierung geht es nun eher gemütlich zum Eisernen Herrgott und zur Feldwiesalm. Man gelangt in den Hang des Kleinen Ötschers und in den Riffelsattel. In einem kurzen, leichten Anstieg ist man beim Ötscherschutzhaus und bei der Bergstation des Sessellifts. Gehzeit ab Gemeindealpe 4½ bis 5 Stunden.

Die beiden Varianten des zweiten Tages:

a) Entlang der roten Markierung in 1½ Stunden zum Ötschergipfel und weiter (rot) über den Rauhen Kamm hinab. Fast am Ende der Felsschneide zweigt in spitzem Winkel nach rechts die blaue Markierung ab, entlang der man das

Tauben- und kurz darauf das Geldloch erreicht. Gehzeit ab Gipfel 2 Stunden. Weiter auf Blau hinab zum Jägerherz und dann entlang roter Markierung in die Ötschergräben und zum Ötscherhias. Gehzeit ab Geldloch 2 bis 2 1/2 Stunden.

b) Zuerst besteigt man den Gipfel und kehrt zum Schutzhaus zurück, wofür man 2 1/2 Stunden braucht. Dann folgt der Abstieg zum Riffelsattel, dort folgt man nach links der roten Markierung hinab zum Spielbichler. Nun geht es ein Stück auf einer Forststraße entlang; dann hält man sich rechts (alles rot markiert), steigt in die Ötschergräben ab und kommt zum Ötscherhias. Gehzeit ab Ötscherhaus 3 Stunden.

In einer Dreiviertelstunde erreicht man dann entlang roter Markierung die Station Erlaufklause.

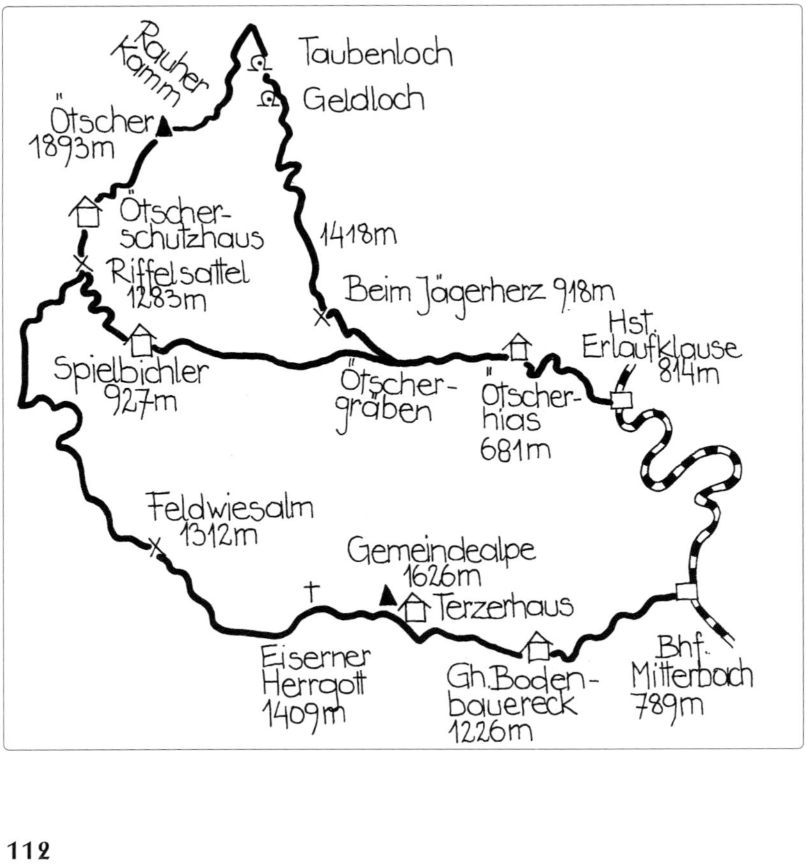

Der Hit der Hits

Exakt 21.353 Meter entlang der historischen Ghega-Bahn

Charakteristik:	nicht allzu anstrengend, sehr lohnend; nicht bei Schneelage
Gesamtgehzeit:	rund 6 Stunden
Höhendifferenz:	im Aufstieg 150 m, im Abstieg 500 m
Für die Rast:	Gasthäuser in Breitenstein, Mostheuriger nahe der Station Klamm-Schottwien
Ausgangsstation:	Semmering (Fahrplanbild 5)
Zielstation:	Payerbach-Reichenau (Fahrplanbild 5)
Karte:	Freytag-Berndt-Atlas Wiener Hausberge

Der historische Ghega-Bahn-Wanderweg vom Semmering nach Payerbach ist zum Star unter den Wanderrouten geworden. Auch aus dem Ausland pilgern nicht nur Eisenbahnfans die exakt 21.353 m lange Route entlang, um die erste Gebirgsbahn der Welt zu bewundern, die man mittlerweile zu einem Weltkulturerbe geadelt hat. Falls der Basistunnel doch noch kommen sollte, wird es mit der berühmten Strecke aller Wahrscheinlichkeit nach vorbei sein.

Die bestens beschilderte Route läßt keinen markanten Punkt aus, von dem man einen erheblichen Teil der Trasse überblicken kann. Das Nonplusultra bildet die Doppelreiterwarte nach dem Wolfsbergkogel, von der aus man den eindrucksvollsten Abschnitt der Bahn – von der Weinzettelwand bis zum berühmten Viadukt über die Kalte Rinne – beobachtet. In seinem zur Eröffnung der Strecke im Jahre 1854 erschienenen Band „Malerischer Atlas der Eisenbahn über den Semmering“ schrieb Carl Ritter von Ghega: „Steigt man weiter hinan, so kömmt man zur kalten Rinne, einer sich von Ost gegen West ziehenden Bergschlucht, von steilen Felsen engumschlossen. Zwischen dieser Schlucht und den Breitensteiner Höfen erheben sich die Felsmauern der Weinzettelwand. Das wilde und furchtbarsteile Aussehen dieser Felswand allein ließ für Jene, welche mit dem praktischen Gebirgsstraßenbaue minder bekannt sind, die Idee, dort eine Eisenbahn führen zu wollen, fast als fabelhaft erscheinen.“

Ghega wollte aber nicht nur ein rein technisches Werk schaffen, er brachte bei seinen Planungen auch die Landschaft ins Spiel. Auf einem seiner Pläne stand die von ihm verfaßte Notiz: „Der Bahnbaumeister von heute darf sein Werk nicht einer Gegend aufzwingen, daß die Natur wie in Fesseln gelegt erscheint, er muß besagte Gegend so lieben wie eine Frau, der er einen prächtigen Schmuck zu erdenken hat. Eine Bahnlinie, die ihre Landschaft nicht schmücket, mag wohl als praktisch gelten können, aber Vollendung wird ihr der Betrachter nicht zugestehen. Der Techniker muß zuerst ein Künstler seyn, denn seine Aufgabe ist es, alle neuen Kräfte unserer Zeit in Schönheit zu fassen.“

Im Bahnhof Semmering steht ein alter Dieseltriebwagen, in dem eine kleine Ausstellung über die berühmte Bahn zu sehen ist. Dort gibt es auch Prospekte mit allen nötigen Informationen und Angaben. Hat die Ausstellung geschlossen, erhält man die Unterlagen beim Kassenschalter.

Knapp nach Klamm-Schottwien teilt sich der Bahnwanderweg. Ein Ast führt nach Gloggnitz, der andere nach Payerbach. Die Payerbacher Variante ist vorzuziehen, denn man erspart sich einen Anstieg, außerdem hat man den besseren Überblick über den Verlauf der Trasse von Schlöglmühl via Schwarzaviadukt und die nördlichen Hänge des Kreuzbergs.

Die Route hat den immensen Vorteil, daß man sie bei jeder Station abbrechen kann; wenn einem die Puste ausgeht oder wenn der Wettergott ungnädig ist und ein Gewitter aufziehen läßt.

Die Route:

Vom Bahnhof Semmering geht es auf der mit gelben Tafeln gekennzeichneten Route zur Station Wolfsbergkogel und zur Doppelreiterwarte. Es folgt eine lange Querung zum Unteren Adlitzgrabenviadukt und nach einem kurzen Anstieg zur Kalten Rinne. Auf der Straße erreicht man Breitenstein. Gehzeit ab Semmering 2½ Stunden.

Dann steigt man zur Weinzettelhöhe an und folgt später der Bahn nach Klamm und zur Station Klamm-Schottwien. Ab Breitenstein etwa 2 Stunden. Nun geht es kurz in einen Sattel hinauf; dann wählt man bei der Weggabel die linke Route und marschiert über die Haltestelle Küb nach Payerbach. Gehzeit ab Klamm-Schottwien 1½ Stunden.

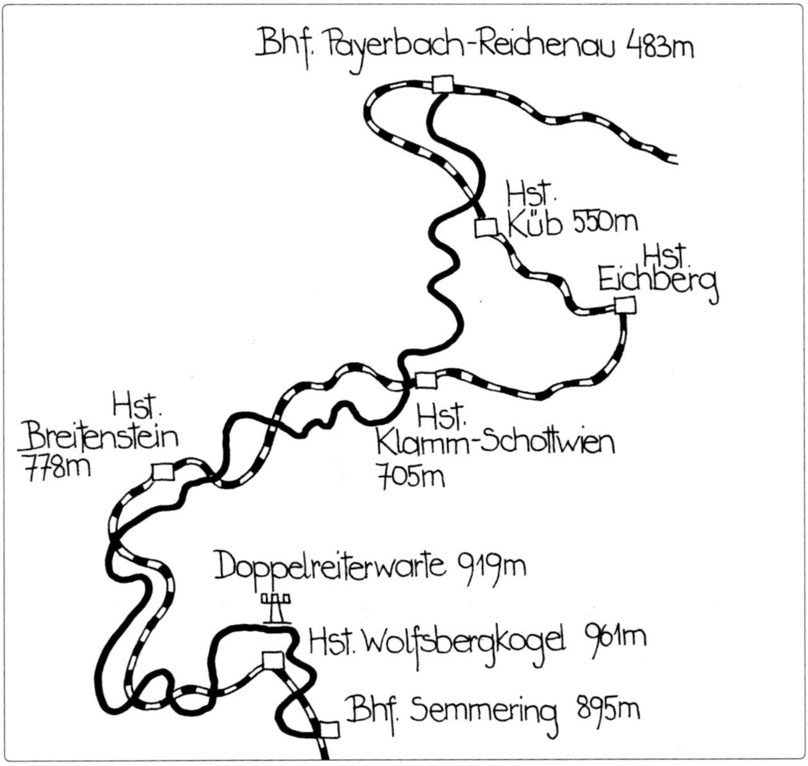

Der kleine Bruder

Auch die Mariazellerbahn hat einen Wanderweg

Charakteristik:	mäßig anstrengend; Anfang April bis November
Gesamtgehzeit:	4 Stunden
Höhendifferenz:	im Anstieg 400 m, im Abstieg 800 m
Für die Rast:	Gasthäuser in Puchenstuben und Boding
Ausgangsstation:	Gösing (Fahrplanbild 11b)
Zielstation:	Frankenfels (Fahrplanbild 11b)
Karte:	Bundesamtskarte, Blatt 72 (Mariazell)

Der große Anklang, den der Wanderweg entlang der historischen Ghega-Bahn über den Semmering gefunden hat, ließ die Freunde der schmalspurigen, im Jahre 1907 vollendeten Mariazellerbahn nicht ruhen, bis auch sie einen Bahnwanderweg geschaffen hatten; quasi einen kleinen Bruder der Ghega-Wanderung. Die Route wurde von Gösing bis Kirchberg an der Pielach ausgeschildert. Diese Distanz kann man an einem Tag kaum bewältigen, was auch nicht notwendig ist, denn der schönste und interessanteste Abschnitt liegt zwischen Gösing und Frankenfels.

Da erhält man einen sehr guten Eindruck von der nördlichen Bergstrecke. Zur Überwindung der 337 Höhenmeter von der Station Laubenbachmühle bis zum Nordportal des Gösing-Tunnels braucht der Zug nicht weniger als 17 Kilometer.

In einem riesigen „S“ windet sich die Trasse die Hänge des Nattersbachtales hinauf, ehe sie die Wasserscheide zwischen Pielach und Erlauf in einem langen Tunnel durchquert.

Über der Mariazellerbahn schwebt ein Hauch von Nostalgie, denn immer noch versehen 15 der 16 im Jahre 1911 in Betrieb genommenen E-Loks ihren Dienst. Sie haben zwar ein neues Outfit, Mechanik und Elektrik aber stammen aus Großvaters Zeiten. Zwar gibt es seit 1994 zwei neue Triebwagen der Reihe 4090, doch diese sind nach Angaben von Bahnbeamten sehr „anfällig“ und stehen häufig in der Remise. Man braucht schon Glück, um einen der Modernen zu Gesicht zu bekommen.

Wer einen Zug photographieren möchte, muß sich in Geduld üben, denn der Fahrplan ist nicht sehr dicht; den Güterverkehr hat man eingestellt. Überrascht kann man von einem Zug kaum werden, denn das laute Horn der Loks wird wegen der vielen ungesicherten Gleisübergänge sehr oft betätigt. Hie und da fahren auf der Mariazellerbahn auch Dampf-Nostalgiezüge.

Zwischen Gösing und Puchenstuben ist die Route ein Ober-der-Bahn-Wanderweg, denn sie führt über den Scheiteltunnel hinweg; doch sollte man diesen Abschnitt nicht auslassen, denn er bietet eine besonders schöne Aussicht auf Ötscher und Gemeindealpe und später ab dem Turmkogel auf die Vorberge bis zum Alpenvorland.

Die Route:

Beim Bahnhof Gösing findet man die ersten Wegweiser, bald darauf die elfenbein-rote Markierung. Man steigt zum Wegscheidhäusel an, wo man einen Sattel überquert, und wandert über die Bergstation des Turmkogellifts hinab nach Puchenstuben, wo ein Bahn-Nostalgiecafé in einem alten Waggon eingerichtet ist. Gehzeit ab Gösing 1¼ Stunden.

Nun geht's hinab zum Bahnhof und weiter in Richtung Nattersbachtal. Dann gabelt sich der Bahnwanderweg; man wählt besser den linken Ast, quert die Bahn und erreicht die Talsohle. Entlang des Baches und der Bahn marschiert man nach Laubenbachmühle. Gehzeit ab Puchenstuben eine Stunde.

Der markierte Bahnwanderweg macht vor Laubenbachmühle eine Schleife über Winterbach, was einen zusätzlichen Anstieg von rund 200 Höhenmetern bedeuten würde. Den Umweg kann man sich sparen.

Vom Bahnhof Laubenbachmühle aus folgt ein Anstieg zur Geißreith und ein schöner Abstieg nach Boding. Ab Laubenbachmühle eine Dreiviertelstunde. Nach einem kurzen Stück Bundesstraße hält man sich rechts und steigt abermals in einen Sattel an. Ab dem Sattel gibt es zwei Varianten; die direkte durch das Fischbachtal ist reizlos, schöner ist die Route, auf der man nach links zu der nur mit einer Führung zugänglichen Nixhöhle kommt und dann weiter nach Frankenfels wandert. Gehzeit ab Boding eine Stunde.

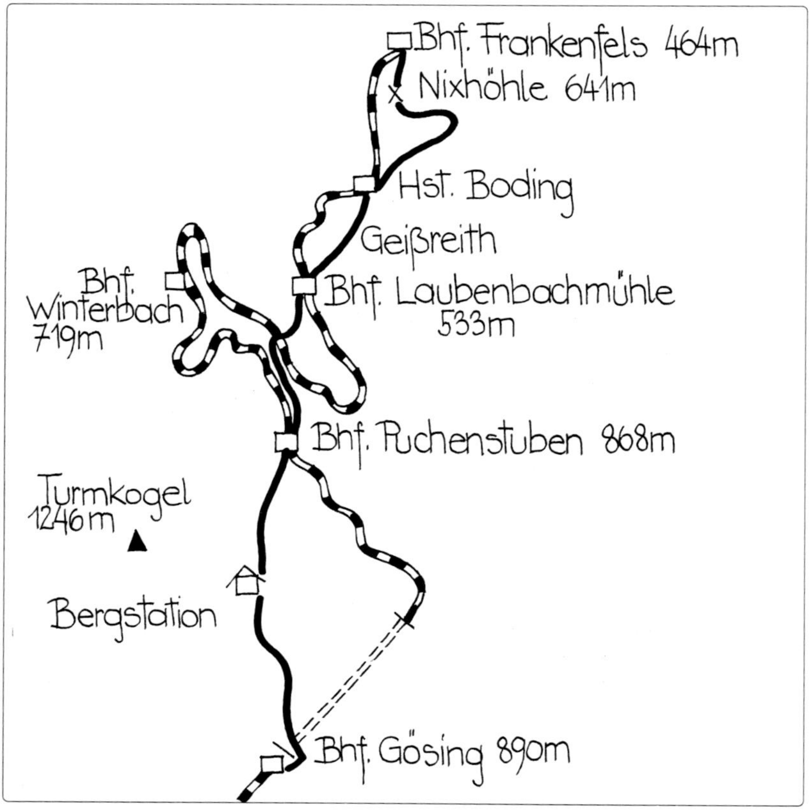

Wo sang der Sänger Blondel?

Von Dürnstein zur Starhembergwarte und zur Fesslhütte

Charakteristik:	leicht und aussichtsreich; das ganze Jahr über, außer bei Schnee
Gesamtgehzeit:	2¾ bis 3 Stunden
Höhendifferenz:	knapp 300 m
Für die Rast:	Fesslhütte (nur in der Saison)
Ausgangsstation:	Dürnstein-Oberloiben (Fahrplanbild 81)
Zielstation:	Stein-Mautern (Fahrplanbild 81)
Karte:	Bundesamtskarte, Blatt 37 (Mautern); Freytag-Berndt-WK 071 (Wachau, Dunkelsteiner Wald, Yspertal-Jauerling)

Das Motto „Eine Geschichte muß gut sein, wenn sie wahr ist, kann das kein Nachteil sein“ unterschiebt man sehr gerne den Journalisten, doch die von ehrenwerten Gelehrten verfaßten Geschichtsbücher sind voll von Stories, nach deren Wahrheitsgehalt man nicht genau fragen darf. Jedes Kind lernt in der Schule, daß der englische König Richard Löwenherz auf seiner Rückkehr von einem Kreuzzug im Jahre 1193 in Erdberg – damals bei Wien – von Herzog Leopold V., mit dem er im Heiligen Land Streit hatte, gefangengenommen und an Hadmar von Kuenring ausgeliefert wurde, der ihn auf der Burg Dürnstein inhaftierte. Der treue

Sänger Blondel suchte seinen Herrn, indem er von Festung zu Festung zog und vor den Mauern seine Lieder anstimmte. In Dürnstein wurde er „fündig", der löwenherzige Richard schaute aus dem Fenster des Verlieses. Nun wußten die Engländer, wo ihr König saß, und kauften ihn frei.

Nur: Die Burg Dürnstein gab es noch nicht, als Löwenherz ins Häfen mußte, denn ihr Bau wurde mit einem Teil des Lösegeldes finanziert. Den wesentlich größeren Teil der Summe verwendeten die Babenberger für die Erweiterung Wiens.

Auf den Felsen über Dürnstein stand damals eine kleine, im Vergleich zur späteren Anlage mickrige Burg. Es ist unwahrscheinlich, daß man einen König, für den man einen schönen Batzen Geld haben wollte, nicht besser „verschloß".

Wo also sang der Sänger Blondel? Für die Dürnsteiner auf jeden Fall in Dürnstein, denn das ist gut für den Fremdenverkehr. Und die Sänger-Blondel-Torte verkauft sich auch besser als zu einer Zeit, da sie noch Topfentorte hieß.

Gesichert ist, daß die Burg Dürnstein in den Schwedenkriegen 1645 erobert und zerstört wurde und seither verfällt.

Die malerische Ruine, von der man eine phantastische Aussicht auf Dürnstein, die Donau und südlich der Wachau gelegene Erhebungen hat, liegt auf dem Weg zur Starhembergwarte und zur Fesslhütte und stellt ohne Zweifel einen Höhepunkt der Wanderung dar. Zur Fesslhütte führen mehrere Routen, keine ist schöner und eindrucksvoller als jene über die Ruine.

Da man die zu hoch gewachsenen Bäume rund um die Starhembergwarte gefällt hat, bietet sich von der Plattform ein berauschender Blick ins Donautal. Den Schlüssel gibt es in der Fesslhütte. Und auf keinen Fall sollte man verabsäumen, den Vogelberg und eine davor liegende Felskanzel zu besuchen, von der man ebenfalls einen wunderschönen Tiefblick zum Strom und zu den Orten am südlichen Ufer genießt.

Da die Route verhältnismäßig kurz ist, hat man reichlich Zeit, das malerische Dürnstein zu besichtigen und auch den berühmten Wachauer Wein zu verkosten.

Östlich der Ruine gibt es etliche Felsen mit schwierigen Kletterrouten, auf denen sich die Extremen tummeln. Ein großes Risiko gehen sie nicht ein, denn sie können – weil die Wände nicht sehr hoch sind – stets von oben gesichert werden. Der Wanderer hat von vielen Stellen die Möglichkeit, den Kraxlern zuzusehen.

Die Route:

Vom Bahnhof Dürnstein-Oberloiben geht man in den Ort; gleich nach dem Stadttor zweigt nach rechts die grüne Markierung ab, die auf den Schloßberg führt. Man kommt zur Ruine und steigt dann – viele Stufen – bis zu einer Weggabelung auf. Dort wählt man – ebenfalls grün markiert – den rechten Ast und gelangt zur Starhembergwarte und nach kurzem Abstieg zur Fesslhütte. Gehzeit ab Dürnstein 1 bis 1¼ Stunden.

Entlang der gelben Markierung geht es nach Westen zum Vogelberg und zur aussichtsreichen Kanzel und dann wieder zurück zur Fesslhütte. Für den Abstecher braucht man eine gute halbe Stunde.

Nun wandert man entlang der grünen Markierung weiter – Fahrweg – zur Hengelwand; dort hält man sich rechts, um entlang der gelben Marken durch den Förthofgraben zur Haltestelle Stein-Mautern abzusteigen. Gehzeit ab Fesslhütte 1¼ Stunden.

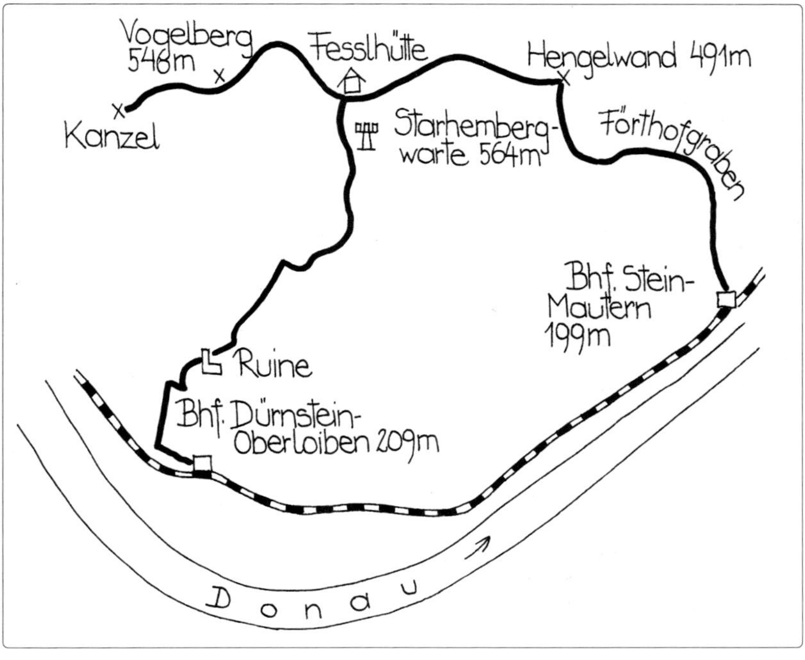

„Warte fünf Minuten"

Von Weißenkirchen über die Sandlwarte nach Dürnstein

Charakteristik:	mäßig anstrengend, sehr lohnend; nicht bei Schneelage
Gesamtgehzeit:	3¾ bis 4¼ Stunden
Höhendifferenz:	knapp über 500 m
Für die Rast:	kein Stützpunkt
Ausgangsstation:	Weißenkirchen in der Wachau (Fahrplanbild 81)
Zielstation:	Dürnstein-Oberloiben (Fahrplanbild 81)
Karte:	Bundesamtskarte, Blatt 37 (Mautern); Freytag-Berndt-WK 071 (Wachau, Dunkelsteiner Wald, Yspertal-Jauerling)

Auf dem Anstieg zum 723 m hohen Sandl im Höhenzug nördlich der Wachau trifft man auf eine Tafel mit der Aufschrift „Warte 5 Minuten". Man braucht keinesfalls für einige Zeit still zu verharren, die Angabe bedeutet lediglich, daß man nicht mehr als eine Viertelstunde zur Weiglwarte gehen muß. Allerdings, dann hat man immer noch keine Gewähr, daß man den Aussichtsturm betreten kann, denn meist muß man sich erst den Schlüssel von dem etwa zehn Minuten entfernten Sandlbauern holen.

Die zusätzliche Mühe sollte man sich nicht ersparen, denn der Rundblick von dem Turm stellt alles in den Schatten. Etwas blumig, aber zutreffend beschreibt ihn „Förster's Touristenführer" aus dem Jahre 1906: „Von Spitz bis Dürnstein liegt die Donau mit ihren wechselvollen Talszenerien zu Füßen des Beschauers; jenseits der in ihren Konturen doppelt schönen Ruine Dürnstein, dem felsenreichen Vogels- und Schloßberge mit der Starhemberg-Warte, zieht sie sich noch weit in Schlangenwindungen in das Becken von Tulln, rechts von Göttweig und der Wetterkreuzkapelle sowie den Konturen des fernen Wienerwaldes umrahmt. Näher ragt die Donauwarte an den Abfällen gegen Krems. Weit nach Westen dehnt sich das waldumkränzte, wellige Hochplateau mit seinen Ortschaften wie Weinzierl und Ostra; im Hintergrunde des Donautales dagegen erhebt der Jauerling sein breites, grünes Haupt. Über den waldreichen Höhenzügen des jenseitigen Ufers mit dem Seekopf und Dunkelsteiner Walde entfalten jedoch an hellen Tagen die Alpen ihre ganze Herrlichkeit. Mächtig treten besonders der Ötscher und der Große Priel hervor."

Der steinerne Turm, im Jahre 1901 anstelle einer alten Holzkonstruktion errichtet und nach einem verdienstvollen Funktionär des Österreichischen Touristenklubs benannt, bildet unbestritten den schönsten Aussichtspunkt weit und breit. Die Weiglwarte wurde vor einigen Jahren renoviert und auf Hochglanz gebracht und kann nun – gegen einen bescheidene Gebühr – aufgesucht werden. Bequeme Naturen vermögen zwar mit dem Auto bis knapp vor den Sandlbauern zu fahren, wer allerdings die volle Schönheit der Wachauer Landschaft erleben will, tut gut daran, als Ausgangspunkt einer Wanderung auf den Sandl das Donautal zu wählen. Schon der Übergang von den Terrassen der Weinberge in die von Urgesteinsfelsen durchsetzte Waldregion ist besonders reizvoll.

Es erstaunt, daß bei den vielen Vorzügen des Gebietes nicht mehr Wanderer auf die Höhen über dem Strome steigen. Während sich in den berühmten Orten an der Donau die Massen drängen, herrschen ein paar hundert Meter darüber Stille und Einsamkeit.

Die Route bietet keinerlei Schwierigkeiten und ist als leicht einzustufen. Daß man nach dem Sandlbauern ein Stück die wenig befahrene Straße benützen muß, stellt keinen Nachteil dar. Wesentlich unangenehmer ist, daß man sich vom Heudürrgraben bis Dürnstein den Weg teilweise mit den Radlern teilen muß.

Die Route:

Vom Bahnhof Weißenkirchen wandert man ein kurzes Stück auf der Straße Richtung Weinzierl. Beim Cholerakreuz zweigt nach rechts die rote Markierung ab, entlang der man über die Achleiten zur Hochfläche ansteigt. Nach etwa 1¼ bis 1½ Stunden erreicht man eine grüne und kurz darauf die blaue Markierung. Nun hält man sich rechts und steigt entlang der blauen Marken – ein kurzes Stück steil – zur Weiglwarte auf. Ab Erreichen der blauen Markierung eine halbe Stunde.

Das Holen des Schlüssels für die Weiglwarte vom Sandlbauern dauert etwa eine Viertelstunde.

Man steigt zum Sandlbauern ab und wandert dann auf der Straße bis zur scharfen Linkskurve beim Emberger. Gleich darauf zweigt nach rechts die gelbe Markierung ab, die den Weg durch den romantischen Heudürrgraben in das Donautal weist. Auf dem Radweg – und leider neben der Bundesstraße – marschiert man nach Dürnstein und zum Bahnhof. Ab Sandlwarte 1¾ bis 2 Stunden.

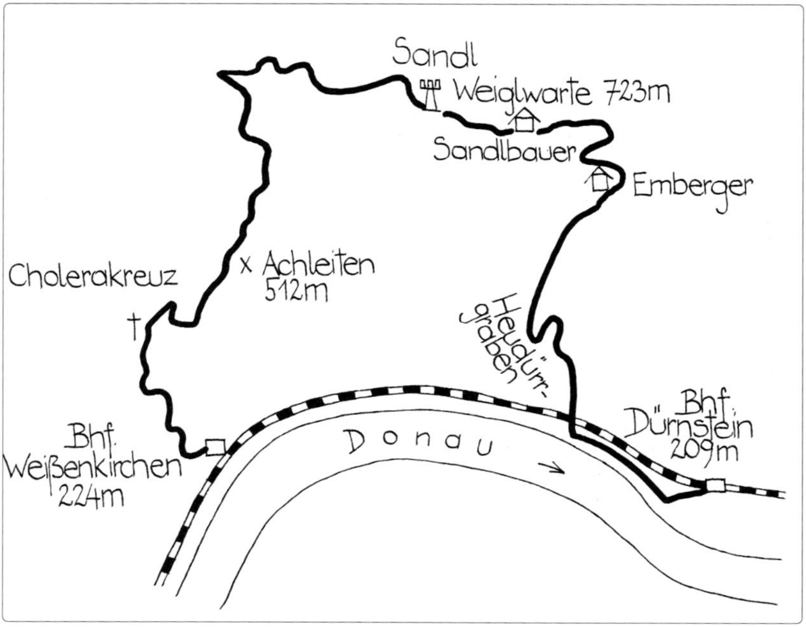

Der Schrecken ist vorbei

Auf traumhaften Wegen hoch über dem Strudengau

Charakteristik:	wenig anstrengend; nicht bei Schnee
Gesamtgehzeit:	3¾ Stunden
Höhendifferenz:	400 m
Für die Rast:	Gasthaus an der Waldhausener Straße
Ausgangsstation:	Sarmingstein (Fahrplanbild 81)
Zielstation:	St. Nikola-Struden (Fahrplanbild 81)
Karte:	Bundesamtskarte, Blatt 53 (Amstetten)

Im Jahre 1913 forderte zum letzten Mal eine Frau Holzinger von den Schiffersleuten, die auf der Donau den Strudengau passierten, ein Almosen als Dank für die geglückte Fahrt über die gefürchteten Hindernisse – Greiner Schwall, Struden und Strudel – und zur Erhaltung eines Hospitals, in dem die vielen Opfer der Unfälle kuriert wurden. Der/die Sammler/in fuhr mit einer Zille in den Strom hinaus und reichte mit einer langen Stange eine klobige, mit der Figur des hl. Nikolaus geschmückte Sammelbüchse an Bord, in die das Geld geworfen wurde. Der Brauch bestand an die 700 Jahre lang, denn das Spital von St. Nikola wurde bereits 1185 durch Beatrix von Clam gegründet.

Die Sammelbüchse gibt es noch, sie wird im Pfarrheim von St. Nikola aufbewahrt; die Fährnisse einer Donaufahrt durch den Strudengau jedoch sind Geschichte. Strudel und Struden verschwanden durch den Rückstau des Kraftwerks Ybbs-Persenbeug, das Schwalleck hat man gesprengt. Heute ist die Donau zwischen Grein und Sarmingstein ein stilles, fast beschauliches Gewässer.

Doch man weiß noch, daß die bayerische Prinzessin Elisabeth – die Sisi – auf der Fahrt zu ihrer Hochzeit mit Franz Joseph in Wien im Strudel beinahe umgekommen wäre. Über den Wirbel schrieb 1567 Sebastian Münster: „Was do hineinfallt, bleibt do unden, und kommt nit widerum herfür." Der berühmte Prediger Abraham a Sancta Clara (1644–1709) befand: „Wenn jemand auf dem Wasser nach Österreich zu fahren vorhabend ist, jagt ihm kein anderer Ort mehrere Furcht und Schrecken ein als Grein. Das Weibergeschlecht trägt vorerst davor eine Abscheu, und wenn man nur einige Meldungen davon tut, zittern sie schon wie eine schweinerne Sulz."

Den besten Eindruck vom Strudengau erhält man bei einer Wanderung über seine begrenzenden Höhen. Von der Felskanzel des Predigtstuhls hat man einen überwältigenden Tiefblick auf den Strom. Nicht weniger schön ist die Sicht vom Schloßkogel, auf dem noch die Reste der Burg Säbnich stehen. Säbnich war ursprünglich ein Kloster der Augustiner Chorherren, die dort von 1147 bis 1161 waren und dann nach Waldhausen übersiedelten.

Die Burg wurde zweimal von den Hussiten (1428 und 1432) eingenommen und endgültig im Dreißigjährigen Krieg zerstört. Einige Sagen von Raubrittern dürften einen wahren Kern haben, denn Ludwig Bechstein schrieb in seinem Buch „Die Donau-Reise" in der Mitte des 19. Jahrhunderts: „Auch hier drohten im Mittelalter stattliche Schlösser, die zum Teil räuberische Insassen hatten."

Die Wanderung über die nördlichen Höhen des Strudengaus ist wenig anstrengend, aber besonders attraktiv. Auf dem Predigtstuhl und auf dem Schloßkogel wird man wohl längere Zeit verweilen. Daß man teilweise Fahrwege benützen muß, spielt keine Rolle, denn auf den Zufahrten zu den Bauernhöfen herrscht kaum Verkehr.

Die Route:

Von der Haltestelle Sarmingstein steigt man kurz auf der Straße nach Waldhausen an. Bald, nach einer scharfen Linkskehre, wendet sich die rote

Markierung nach rechts in den Hang und in den Wald. Über den „Bauerngruber" erreicht man eine Hochfläche und verläßt später den Fahrweg nach links, um zum Predigtstuhl zu gelangen. Gehzeit ab Sarmingstein 1¼ Stunden.

Die rote – teilweise etwas lückenhafte – Markierung führt weiter nach Gloxwald, wo man sich links hält und durch einen Graben zu einem Wirtshaus an der Straße nach Waldhausen absteigt. Man quert den Sarmingbach auf einer Brücke und erreicht auf dem Güterweg den „Burgner". Dort geht es links entlang der roten Markierung zum Schloßkogel und zur Ruine Säbnich. Gehzeit ab Predigtstuhl eine Stunde.

Zurück zum „Burgner" und weiter auf dem Güterweg bis zu einem Transformatorhaus. Dort wählt man den rechten Ast einer Weggabel und gelangt über „Mittersattler" und „Niedersattler" in einen Graben, durch den man nach St. Nikola absteigt. Gehzeit ab Schloßkogel 1½ Stunden.

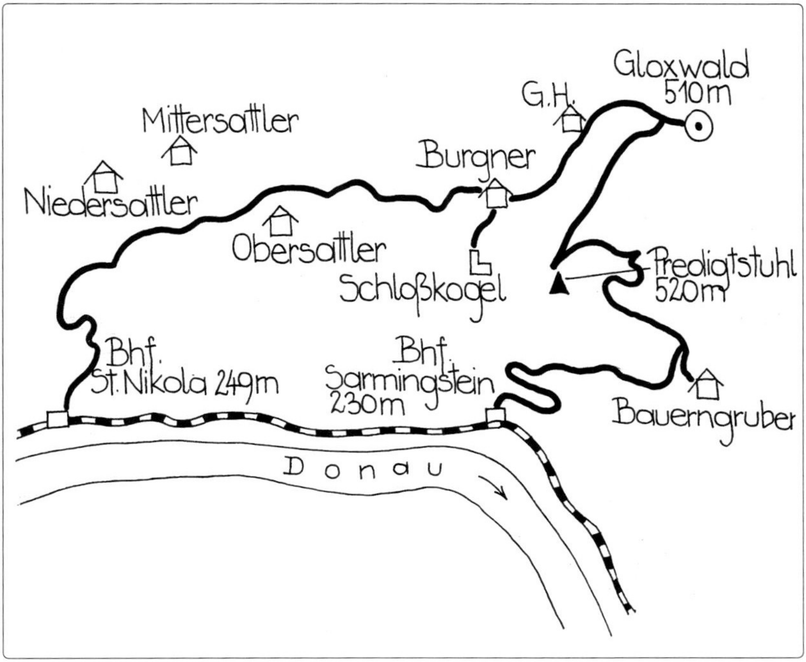

Weiche Schale, harter Kern

Von Breitenbrunn durch das Leithagebirge

Charakteristik:	mäßig anstrengend; das ganze Jahr über
Gesamtgehzeit:	5 Stunden
Höhendifferenz:	400 m
Für die Rast:	kein Stützpunkt auf der Route
Ausgangsstation:	Breitenbrunn (Fahrplanbild 73)
Zielstation:	Donnerskirchen (Fahrplanbild 73)
Karte:	Bundesamtskarte, Blatt 78 (Rust)

Das rund 35 km lange und bis zu 7 km breite Leithagebirge ist ein abgesunkener Gebirgsteil, der einst die Alpen mit dem Karpatenbogen verband. Im Jungtertiär war der Höhenzug vom Meer bedeckt; damals entstand eine zum Teil sehr mächtige, fossilienreiche Kalkschicht, die schon zur Zeit der Römer als Baumaterial abgebaut wurde. Viele Gebäude von Wien und Graz entstanden aus dem relativ weichen und daher gut zu bearbeitenden Stein des Leithagebirges.

Unter der weichen Schale verbirgt sich ein harter Kern aus Gneis und Glimmerschiefer. An manchen Stellen dringt das Silikatgestein bis an die Oberfläche durch. Wenn man aufmerksam über den Höhenzug wandert, erkennt man auch die geologischen Unterschiede und die dadurch bedingte Vielfalt der Flora.

Trotz seiner geringen Höhe wirkt der Ausläufer der Zentralalpen als Klimascheide, was sich in der Pflanzenwelt auswirkt. Die Erhebungen sind zwar bewaldet, doch gewähren Aussichtswarten einen beeindruckenden Rundblick. Vom Turm auf der Kaisereiche genießt man freie Sicht zu den Ruster Hügeln, zum Neusiedler See und in die Tiefebene, man erblickt Schneeberg, Rax und Hochwechsel, die Thermalalpen, das Wiener Becken, das Ödenburger Gebirge, Ödenburg und Eisenstadt. Die Warte – von der Gemeinde Mannersdorf errichtet und vom Verein Wien-Niederösterreich renoviert – hat eine verglaste Plattform, was bei windigem Wetter sehr angenehm ist.

Bei etlichen der heute markierten Wanderrouten handelt es sich um Übergänge von Westungarn nach Österreich unter der Enns, denn bis nach dem Ersten Weltkrieg verlief über einen Teil des Leithagebirges die Grenze zwischen den beiden Ländern der Doppelmonarchie. An alten Grenzsteinen läßt sich das noch gut erkennen. Auf dem Weg von einem Land zum anderen war offensichtlich auch die tugendsame Ursula Suchentrunk, die am 24. April 1682 auf dem Weg von Mannersdorf nach Donnerskirchen versehentlich erschossen wurde. Ein Gedenkkreuz erinnert an diesen tragischen Unfall. Unweit davon stehen auf einem Marterl der Name Anna Ackermann, das Datum 17. 7. 1896 und die Verse: „O Wand'rer steht still und liest/wie ich die schöne Welt verließ,/als mich mein Vater, ach,/mit 17 Jahr'n erstach".

Das Leithagebirge wird wegen seiner geringen Höhe von vielen Wanderern etwas stiefmütterlich behandelt, was insofern schade ist, weil es durchaus seine Meriten hat und recht anregende Routen bietet. Im zeitigen Frühjahr schmücken Millionen von Schneeglöckchen die Wälder; nicht weniger üppig wuchert der Bärlauch, den man im Burgenland Knofelspinat nennt. Auch im Winter stellt das weitläufige Gebirge eine empfehlenswerte Wanderregion dar, denn viel Schnee gibt es dort sehr selten.

Die Route:

Vom Bahnhof Breitenbrunn wandert man entlang der roten Markierung 02 bzw. den rot-gelben Marken des Burgenland-Weitwanderweges durch den Ort bis zur Florianikapelle. Nun geht es den Hang hinauf zum Naturschutzgebiet Tennau. Durch den Doktorbrunngraben erreicht man bei einer Jagdhütte den ersten Scheitelpunkt. Gehzeit ab Breitenbrunn 13/4 Stunden.

Nun kommt man am Kaiserbründl – dessen Quellfassung die Aufschrift „Maria Theresia" trägt – vorbei und marschiert in ständigem Bergauf und Bergab zum Grünwald und weiter bis zur Aussichtswarte auf der Kaisereiche. Gehzeit ab Jagdhütte 11/2 Stunden.

Auf derselben Route kehrt man zum Grünwald zurück und wechselt dort nach rechts auf die blaue Markierung des Überganges Mannersdorf – Donnerskirchen. Nach dem Suchentrunkkreuz macht der Weg einen scharfen Knick nach rechts, man erreicht den Teufelsgraben, durch den man nach Donnerskirchen und zum Bahnhof weiterwandert. Gehzeit ab Kaisereiche 13/4 Stunden.

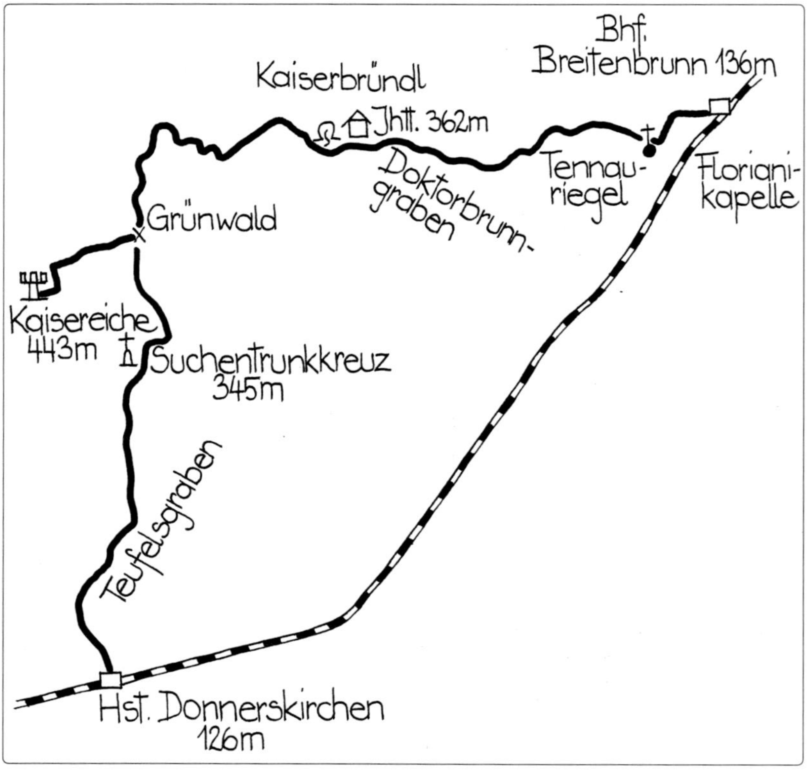

Wo ist denn das Gebirge?

Über den höchsten Punkt des Leithagebirges

Charakteristik:	leicht; das ganze Jahr über
Gesamtgehzeit:	3¾ bis 4 Stunden
Höhendifferenz:	350 m
Für die Rast:	kein Stützpunkt auf der Route
Ausgangsstation:	Eisenstadt (Fahrplanbild 73)
Zielstation:	Müllendorf (Fahrplanbild 52f)
Karte:	Bundesamtskarte, Blatt 77 (Eisenstadt)

Als ein zum Grenzschutz abkommandierter Tiroler Bundesheersoldat in Schützen am Gebirge aus dem Zug stieg, blickte er etwas ratlos um sich und fragte dann erstaunt: „Wo is'n dös Gebirge?" Das verhalf ihm zu Titelzeilen in einigen Gazetten. Das Leithagebirge gehört zu den Zwergen in den österreichischen Alpen, obgleich es mit den Hohen Tauern „verwandt" ist. Für Tiroler Verhältnisse sind die Erhebungen im Nordwesten des Burgenlandes bestenfalls Hügel. Doch diese sollte man nicht ganz unterschätzen. Mit Lawinen und Felsstürzen muß man natürlich nicht rechnen, vom richtigen Weg allerdings sollte man nicht abweichen.

Am Ende der Gloriette-Allee in Eisenstadt findet sich eine verrostete und kaum mehr lesbare Tafel mit der Aufschrift „Abirren vom Wege ist strengstens untersagt". Die Frage bleibt offen, wie man von Amts wegen ein Verirren verbietet. Auf die Markierung aber sollte man achten, denn in dem leicht kupierten, unübersichtlichen Gelände kommt man bei Unachtsamkeit leicht vom richtigen Kurs ab. „Abschneider" zahlen sich schon deswegen nicht aus, weil das dichte Unterholz in weiten Bereichen des Höhenzuges ein Fortkommen sehr erschwert, wenn nicht gar unmöglich macht.

Eine eigenartige und in Österreich fast einmalige Vegetation mit Edelkastanien und großen Eichenbeständen gestaltet die keineswegs schwierige oder anstrengende Wanderung sehr abwechslungsreich. Unverkennbar ist der Einfluß des pannonischen Klimas, welches auch die Qualität der am Fuße des Gebirges wachsenden Reben positiv beeinflußt.

Es läßt sich nicht eruieren, auf wen das ehemalige Jagdhaus „Schöner Jäger" gemünzt ist, denn in den pannonischen Breiten erheben viele Herren der Schöpfung den Anspruch, in die Kategorie der schönen Menschen eingestuft zu werden.

Die bei den Wanderern so beliebten Aussichtsplätze sind rar. Die im Jahre 1957 erbaute Gloriette-Warte oberhalb der burgenländischen Landeshauptstadt aber bietet einen eindrucksvollen Blick in die Ebene, zu den Ruster Hügeln und zum Neusiedler See. Vom 484 m hohen Sonnenberg, dem höchsten Punkt des Leithagebirges, hat man Sicht in die Wiener Neustädter Pforte und zum Rosaliengebirge. Relativ gut sind die Sichtverhältnisse in der kalten Jahreszeit, wenn die Bäume kein Laub tragen.

Das trockene Klima und der wasserdurchlässige Boden ermöglichen auch dann problemlose Touren, wenn man anderswo noch im Morast versinkt.

Die Route:

Vom Bahnhof Eisenstadt geht man zum Schloß Esterházy und steigt dann durch die Gloriette-Allee zum Waldrand auf, hält sich links und erreicht die rote Markierung, entlang der man bald zur Aussichtswarte kommt. Man bleibt auf der roten Markierung und gelangt – vorbei an der Säule der „Weißen Dreifaltigkeit" – zu einer Hochfläche. Nahe dem ehemaligen Jagdhaus „Schöner Jäger" erreicht man den Burgenland-Weitwanderweg. Gehzeit 1¾ Stunden.

Nun hält man sich links und folgt den rot-gelben Marken bis zur Weggabelung „Beim Juden". Entlang der roten Markierung geht es durch eine

Schneise bergab; man hält sich dann rechts und gelangt in kurzem Ansteig zum Gipfel des Sonnenbergs, der durch einen Fernsehsender unverkennbar ist. Gehzeit ab „Schöner Jäger" eine knappe halbe Stunde.

Nun böte sich der direkte Abstieg nach Hornstein an, doch hätte man dann einen weiten Straßenhatscher bis zur Bahn vor sich. Besser ist's, zum „Beim Juden" zurückzugehen, von dort entlang der roten Weitwandermarkierung über das Weiße Kreuz nach Großhöflein abzusteigen und am Rande der Weingärten nach Müllendorf, zum Bahnhof, zu wandern, zumal der letzte Teil des Weges sehr aussichtsreich ist. Gehzeit ab Sonnenberg 1½ bis 1¾ Stunden.

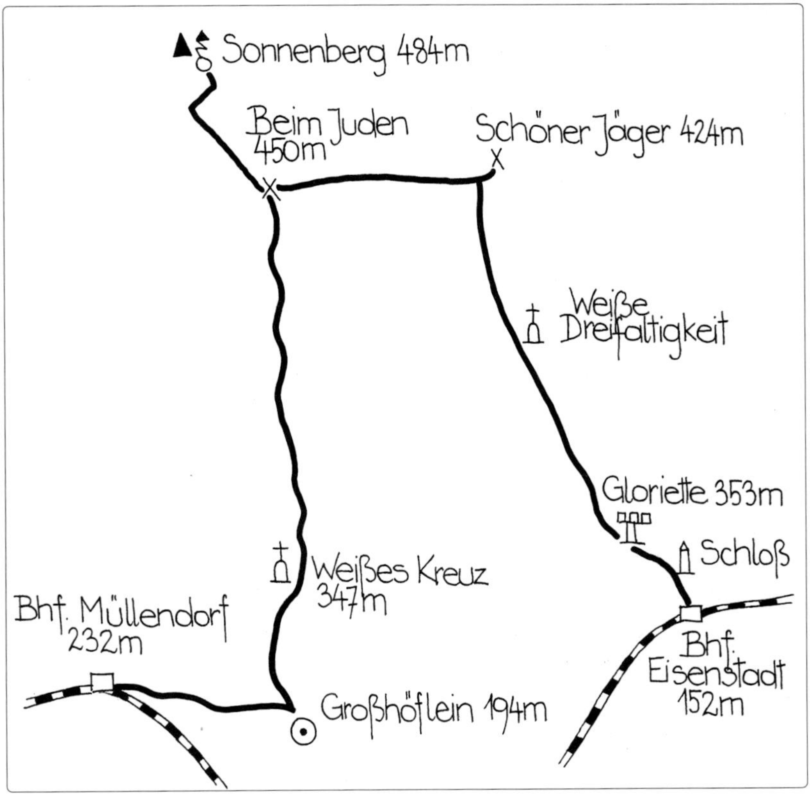

Falsche Ritter und Ruinen

Merkwürdiges um Türkensturz und Bergschloß

Charakteristik:	leicht; das ganze Jahr über
Gesamtgehzeit:	3¼ Stunden
Höhendifferenz:	unter 300 m
Für die Rast:	Gasthaus in Schiltern
Ausgangsstation:	Seebenstein (Fahrplanbild 52)
Zielstation:	Pitten (Fahrplanbild 52)
Karte:	Bundesamtskarte, Blatt 106 (Aspang-Markt); Wanderkarte FVV Seebenstein

Über der Ruine auf dem Türkensturz über dem Pittental prangt der Halbmond; so als hätten die Osmanen die Feste erobert und als Siegeszeichen ihr „Emblem" angebracht. Nur, die weithin sichtbaren Mauern entstanden erst in den Jahren 1824/25. Fürst Liechtenstein ließ sie errichten, und zwar gleich als Ruine. „Zum Schmucke der Landschaft", wie es in einer zeitgenössischen Publikation heißt. Osmanen standen mit Sicherheit am oberen Rand der Felsen im Jahre 1532. Nach einem Scharmützel bei Leobersdorf im Triestingtal – andere Quellen nennen Bad Fischau am Rande des Steinfeld – brachten die siegreichen Kaiserlichen die türkischen Gefangenen auf die Klippe und stießen sie in den Abgrund. Seither heißt die

Wand, durch die ein nur den Könnern vorbehaltener, schwieriger versicherter Klettersteig führt, Türkensturz.

Die Burg Seebenstein – auch Bergschloß genannt – über der gleichnamigen Ortschaft wurde 1092 erbaut und 1170 das erste Mal urkundlich erwähnt. Dreimal hielt sie einer Belagerung stand – zweimal durch die Osmanen, einmal durch Matthias Corvinus. Im 18. Jahrhundert ließ sie Graf Pergen verfallen, weil er die Dachsteuer nicht zahlen wollte; da pachtete sie um 1792 der Zahlmeister der Wiener Neustädter Militärakademie, Anton David Steiger, der durch die Entdeckung eines Kohlevorkommens zu Vermögen gelangt war, und machte sie zum Sitz der „Wildensteiner Ritterschaft zur Blauen Erde".

Der Vereinigung gehörten so honorige Persönlichkeiten wie Erzherzog Johann, der spätere deutsche Kaiser Wilhelm I., Großherzog Karl August von Sachsen-Weimar oder der Dichter Joseph von Eichendorff an. Die Herren trafen einander auf der Burg und spielten Ritter. Sie wählten auch ritterliche Namen. Erzherzog Johann nannte sich „Hanns von Österreich, der Ternberger", der Gründer Steiger „Hainz am Steine der Wilde, Oberritter auf Blauer Erde". Es gab auch einen „Herzlipärzli" und einen „Fingal vom stürmischen Morpheus". Das Wams der Mitglieder durfte nicht aus Seide sein und keinen Silber- oder Goldschmuck aufweisen, denn sie übten sich in großer Bescheidenheit. Diskussionen über Religion oder den Landesherrn waren den „blauen Rittern" untersagt.

Trotzdem hatten die Behörden mit der Ritterschaft wenig Freude und hielten sie fälschlicherweise für eine verkappte Freimaurerloge, die verboten war. Im Jahre 1823 löste man die Vereinigung kurzerhand amtlicherseits auf; treibende Kraft war der mißtrauische Clemens Wenzel von Metternich.

Die Burg Seebenstein ist jetzt ein Museum („Schatzkammer des Pittentales"), von Mai bis Oktober gibt es Führungen. In einer Höhle nahe der Burg sollen Templer Zuflucht gesucht haben; mit wenig Erfolg allerdings, denn die Chronik vermeldet, sie seien „aufgerieben" worden.

Als Abschluß der Wanderung zu den seltsamen Stätten des Pittentales sollte man nicht verabsäumen, in Pitten zur Bergkirche aufzusteigen. Hinter dieser liegt die Felsenkapelle, der Rest einer ursprünglichen Wehrkirche. An den Wänden findet man noch Reste mittelalterlicher Fresken.

Die Route:

Vom Bahnhof Seebenstein überquert man den Fluß und erreicht die rote Markierung (Wegweiser „Burg"). Bei einer markanten Linkskurve verläßt man die roten Marken geradeaus und folgt der grünen Markierung bis zum höchsten Punkt des Türkensturzes mit der künstlichen Ruine. Gehzeit ab Seebenstein eine knappe Stunde.

Ein ganz kurzes Stück zurück, dann auf die nach rechts abzweigende grüne Markierung, die zu einer roten führt. Entlang dieser erreicht man in einer halben Stunde das Bergschloß. Man bleibt auf der roten Markierung, die später wieder in eine grüne übergeht. Man berührt den Ortsrand von Schiltern und wandert an der Papierfabrik vorbei nach Pitten. Gehzeit ab Bergschloß 1¼ Stunden. Für den Abstecher zu Bergkirche und Felsenkapelle braucht man eine halbe Stunde.

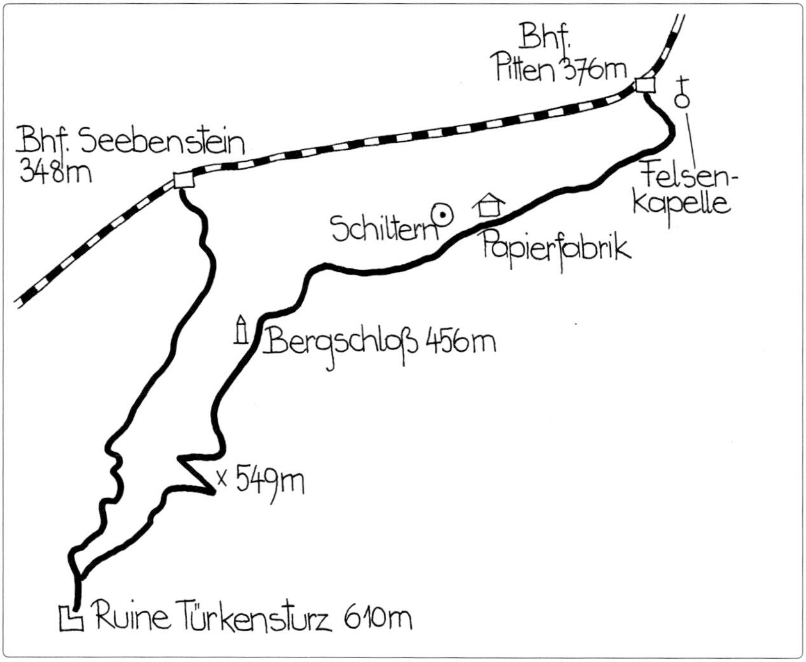

Höllisch und heilig

Interessantes zwischen Zöbing und Schönberg am Kamp

Charakteristik:	leicht; das ganze Jahr über
Gesamtgehzeit:	3 bis 3¼ Stunden
Höhendifferenz:	250 m
Für die Rast:	ein Stützpunkt auf der Route
Ausgangsstation:	Zöbing (Fahrplanbild 82)
Zielstation:	Schönberg am Kamp (Fahrplanbild 82)
Karte:	Bundesamtskarte, Blatt 21 (Horn) und 38 (Krems)

Der „Heiligensteiner" hat unter Weinkennern einen besonders guten Ruf, was bei der Qualität des Tröpferls nicht gerade wundert. Wein wächst auf den sonnenbeschienenen Hängen des Heiligensteines bei Zöbing im unteren Kamptal schon seit rund tausend Jahren – wie man von den Informationstafeln eines Weinlehrpfades erfährt. Um 1250 hatten die Kuenringer dort einen bedeutenden Sitz. Nur hieß die Erhebung damals „helnstein"; auch die Bezeichnungen „haelenstein" oder „hölnstein" finden sich in alten Urkunden. Höllenstein nannte man also früher den Berg; wann er geheiligt wurde, läßt sich nicht mehr exakt feststellen.

Auf einer freien Kuppe des Berges steht die Kamptalwarte, die der Touristenklub schon vor mehr als hundert Jahren errichtet hat. Der Turm ist nur fallweise geöffnet, sonst erhält man den Schlüssel in den Gasthäusern von Zöbing. Doch auch vom Fuß der Warte, die von den Heimischen mitunter als „Gschnastürml" bezeichnet wird, genießt man eine sehr schöne Aussicht ins Kamp- und Donautal, ins Alpenvorland und zur Alpenkette mit dem herausragenden Ötscher.

Auf der Route sollte man keinesfalls den kurzen Abstecher zur Ruine Schönenburg scheuen. Viel ist von der einstigen Festung nicht mehr erhalten, aber von der Plattform, auf der sie stand, hat man eine einmalige Sicht in das von Weingärten gesäumte Tal und zu den Erhebungen des Waldviertels.

Die Schönenburg hat eine sehr wechselvolle Geschichte. Gegründet wurde sie im 12. Jahrhundert von den Kuenringern an strategisch wichtiger Stelle. Später gab es ein Gerangel um ihren Besitz, aus dem schließlich der Habsburger Albrecht III. als Sieger hervorging. Im Dreißigjährigen Krieg brannte das Bollwerk ab; ein Stich von Georg Matthäus Vischer aus dem Jahre 1672 zeigt die Burg ohne Dächer. Im 18. Jahrhundert erlitt das Bauwerk das Schicksal so vieler anderer. Man hat es abgetragen; angeblich, weil die dort nistenden Vögel in den Weingärten zu großen Schaden anrichteten. Die Wahrheit ist viel prosaischer: Man verwendete das Abbruchmaterial für den Bau von Häusern in der Ortschaft Schönberg. Baustoffrecycling scheint demnach keine Erfindung unserer Zeit zu sein.

Die wenig anstrengende Strecke führt durch eine von Wein, Wald und dem Kamp dominierte Landschaft. Im unteren Teil des Kamptales wird das Silikatgestein von Lößschichten bedeckt, auf denen die Reben besonders gut gedeihen.

Ein Teil des Weges ist nicht oder nur mangelhaft markiert, was aber keinerlei Probleme macht, denn der richtige Weg ist kaum zu verfehlen. Und wenn man am Ende der Wanderung den „Heiligensteiner" verkostet, spielt das ebenfalls keine Rolle. Für Bahnfahrer gilt die 0,5-Promille-Grenze nicht.

Die Route:

Von der Haltestelle Zöbing kommend quert man den Kamp und steigt dann entlang des Weinlehrpfades auf. Knapp nach dessen Ende passiert man einen Graben und kurz danach (Wegweiser) wendet man sich links auf einen etwas steilen Pfad – es gibt auch eine beschilderte, gemütlichere Variante –, der zur Kamptalwarte führt. Gehzeit ab Haltestelle eine Dreiviertel- bis eine Stunde.

Nun folgt man der blauen Markierung Richtung Schönberg bis zu zwei Teichen, die an einer Forststraße liegen. Unmittelbar danach verläßt man die Markierung nach links und marschiert durch den Wolfsgraben bis zu einem Schranken. Dort stößt man auf eine rote Markierung, der man nach links folgt. An der Metternichschen Forstverwaltung vorbei gelangt man in einen Sattel. Die Markierung ist dort mangelhaft; folgt man den Strommasten, kann nichts passieren. Nun geht es relativ steil bergab. Vom Ortsrand von Schönberg führt eine Forststraße zu den Resten der einstigen Schönenburg. Gehzeit ab Kamptalwarte 1¾ Stunden.

Dann wandert man in einer halben Stunde hinab nach Schönberg und zur Bahnstation.

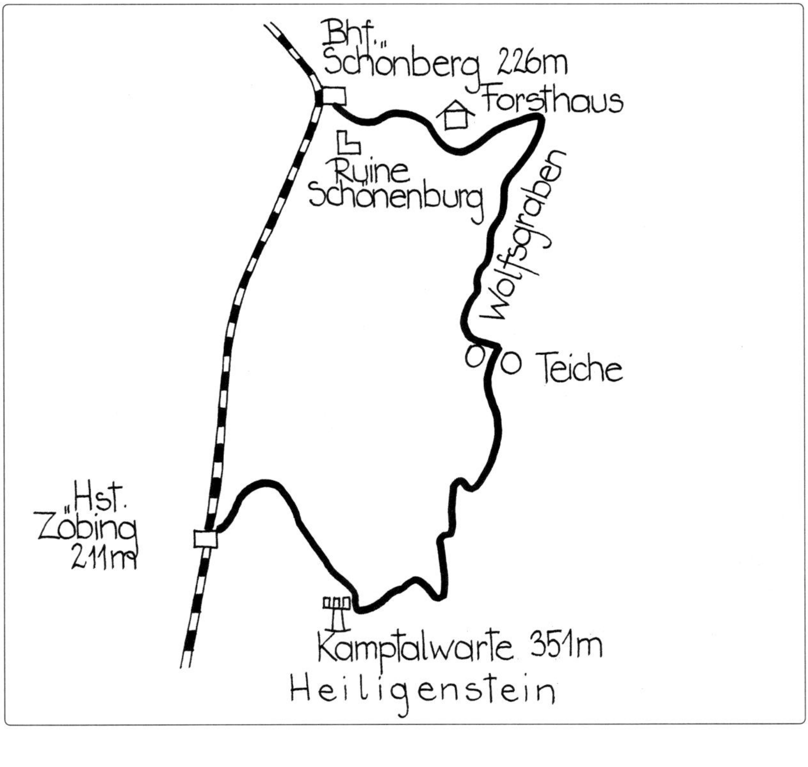

Mit und ohne Dampf

Von Langschlag über die europäische Wasserscheide

Charakteristik:	wenig anstrengend, sehr interessant; von April bis November
Gesamtgehzeit:	3¾ Stunden
Höhendifferenz:	rund 400 m
Für die Rast:	kein Stützpunkt bis Bad Großpertholz
Ausgangsstation:	Langschlag (Fahrplanbild 84)
Zielstation:	Steinbach-Großpertholz (Fahrplanbild 84)
Karte:	Bundesamtskarte, Blatt 17 (Bad Großpertholz) und 18 (Weitra)

Kein Weg über die europäische Wasserscheide ist für den Wanderer attraktiver als jener beim „Waldviertler Semmering". So nennt man den höchstgelegenen Abschnitt der Schmalspurbahn Gmünd–Großgerungs, die dort vom Einzugsgebiet der Moldau und Elbe in jenes der Donau fährt und dabei den Großen und Kleinen Bruderndorfer Tunnel passiert. Ein bißchen Ähnlichkeit mit der großen Ghega-Bahn besteht, denn die Trasse windet sich in mehreren Schleifen über den gewässertrennenden Rücken hinweg.

Der Scheitelpunkt der Schmalspurigen liegt auf 802 m, die Züge bewältigen immerhin einen Höhenunterschied von fast 400 m. Üblicherweise verkehren auf der 43 km langen Strecke moderne Dieseltriebwagen, in der Saison aber spannt man vor manche Garnituren ein altes Dampfroß, was nicht wenige animiert, den Nostalgiezug zu benutzen, zumal er auch das „Waldviertler Jausenwagerl" mitführt. Der Wirt spielt den Reiseleiter und vergißt nicht, besonders auf den Großen Bruderndorfer Tunnel hinzuweisen, der immerhin eine Länge von 270 m hat.

Da die beiden Tunnel auch genügend groß sind, kann man aufgeschemelte Normalspur-Güterwaggons über die europäische Wasserscheide befördern. Die Güterzüge werden von Diesellokomotiven gezogen.

Zwischen Großem und Kleinem Bruderndorfer Tunnel liegt die Haltestelle Blockhaus, die einmal „Bruderndorf" hieß, ehe man für den kleinen Ort eine Station an günstigerer Position errichtete. Beim Blockhaus halten die Dampfloks auf der Bergfahrt und nehmen Wasser auf, zudem hat man dort die besten Photostandpunkte.

Gebaut wurde die Schmalspurstrecke von Gmünd nach Großgerungs im Jahre 1903. Damals entstanden auch die Linien von Gmünd nach Heidenreichstein bzw. Litschau; auf letzteren gibt es schon lange keinen Personenverkehr mehr. In Langschlag zeigt man neben der Kirche die Dampflokomotive, welche den Eröffnungszug mit den honorigen Persönlichkeiten über den Waldviertler Semmering schleppte. Sie hatte – so vermerken es zeitgenössische Berichte – eine Höchstgeschwindigkeit von 48 Stundenkilometern; sensationell für eine Gegend, die das Tempo von Ochsen- und Pferdefuhrwerken gewohnt war.

Unzumutbare Anstrengungen verlangt einem die Route kaum ab.

In der Saison sollte man sich über den Fahrplan der Dampfzüge informieren, damit man gleichzeitig mit diesen auf der europäischen Wasserscheide eintrifft.

Die Route:

Von Langschlag geht man ein kurzes Stück auf der Straße Richtung Schmerbach und wendet sich dann nach links auf die rote Markierung Nummer 55. Später macht der Weg einen Knick nach rechts, man steigt zur Teufelsmühle ab und quert den Elexenbach. Weiter geht es an den Fuß des Stierbergs und nach Bruderndorf. Ab Langschlag 1½ Stunden.

Bald nach der Ortstafel hält man sich rechts und steigt zur Wasserscheide an; dann geht es hinab zur Haltestelle Blockhaus. Ab Bruderndorf eine halbe Stunde.

Man bleibt auf der roten Markierung und besteigt die Kuppe, welche die Bahn im Großen Bruderndorfer Tunnel durchfährt, und erreicht dann die roten Marken des Weitwanderweges 08. Diesen folgt man nach rechts und gelangt durch den Steinbachgraben nach Bad Großpertholz. Ab Haltestelle Blockhaus 1¼ Stunden. Eine weitere halbe Stunde braucht man bis zum Bahnhof Steinbach-Großpertholz.

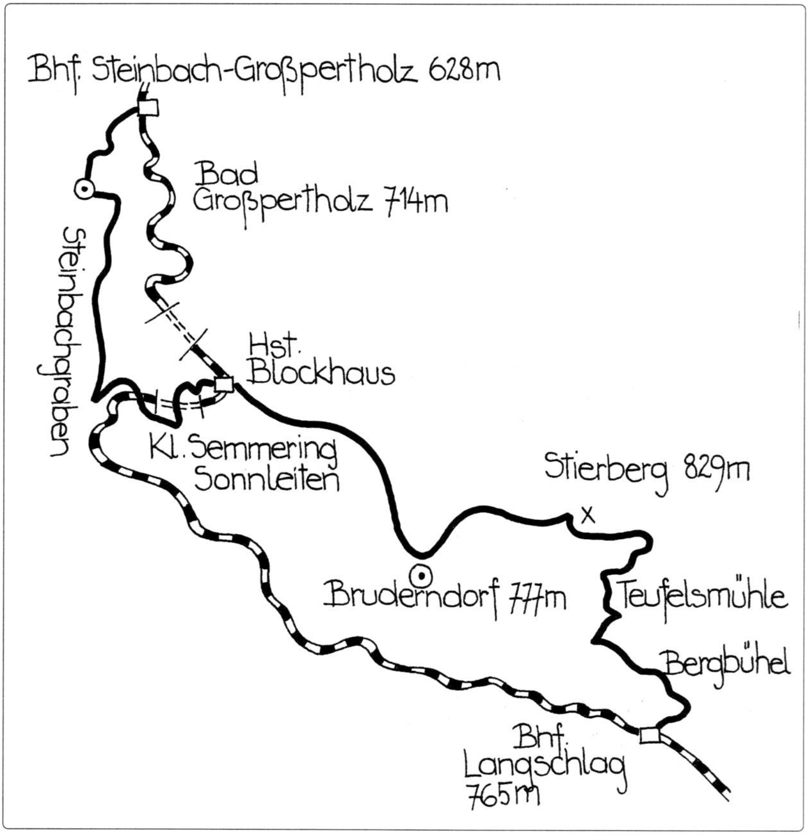

Zwischen Wüste und Sumpf

Die seltsamen Landschaftsformen des Marchfeldes

Charakteristik:	leicht; das ganze Jahr über, außer bei Hochwasser der March
Gesamtgehzeit:	4 Stunden
Höhendifferenz:	etwa 30 m
Für die Rast:	Gasthäuser in Marchegg
Ausgangsstation:	Oberweiden (Fahrplanbild 93b)
Zielstation:	Marchegg (Fahrplanbild 71a und 93b)
Karte:	Bundesamtskarte, Blatt 42 (Gänserndorf) und 43 (Marchegg)

In der viert Stunden breiten Strecke von Markgraf Neusiedl bis Oberweiden ist kein Baum, keine Quelle, kein Haus außer einem fast in der Mitte liegenden Schäferhofe; nicht zeigt sich dem Blicke in dieser Sandwüste als röthliches Heidegras. Noch vor wenigen Jahren reist durch diese Gegend, wie durch Ägyptens Wüste, Niemand allein; immer, und wenigstens des Nachts, gesellten sich mehrere zusammen, denn der Name des Schäferhofes Siehdichfür erinnert den Reisenden, auf seiner Hut zu seyn vor den fürchterlichen Sand- und Staubwolken." Dieser im Jahre 1829 geschriebene Bericht handelt nicht von irgendeiner fernen Einöde in

Afrika oder Asien, sondern beschreibt die Landschaft am Rande des Marchfeldes.

Wanderdünen, welche die Siedlungen bedrohten, gab es damals unweit von Gänserndorf. Bereits im 18. Jahrhundert versuchte man, durch Aufforstungen der Wüste Herr zu werden. Noch 1880 betrug das Ausmaß der unwirtlichen Regionen rund 2600 Hektar.

Die Dünen gibt es immer noch, allerdings sind sie mit einer dünnen Grasschicht und einem schütteren Föhrenwald bedeckt. Schon wenige Zentimeter unter der Oberfläche stößt man auf Sand; aus Sand bestehen auch die Maulwurfshügel. Einige Bereiche stehen als biogenetisches Reservat des Europarates unter strengem Naturschutz.

Nur wenige hundert Meter vom Sandberg entfernt bricht das Gelände zu den Niederungen der March ab, die bis 1910 mehr Sumpf als landwirtschaftlich nutzbare Flächen aufwiesen und erst mühsam vor Überschwemmungen bewahrt und entwässert werden mußten. Ein Denkmal in Baumgarten an der March erinnert an die Vollendung des Schutzdammes. Dort gibt es seit 1970 das Naturschutzgebiet Marchauen, welches u. a. die größte Weißstorchkolonie Europas und die größte Graureiherkolonie Österreichs beherbergt. Im Auwald an der March kommt auch der schon sehr selten gewordene Schwarzstorch vor. Auch der Schwarze Milan, Eisvogel und Graugans sind dort beheimatet. Für die Beobachtung der Vögel braucht man einen Feldstecher.

Die Exwüste und das Reservat Marchauen lassen sich im Zuge einer Wanderung durchqueren. Diese ist zwar etwas lang, weist aber kaum Höhenunterschiede auf. Meist ist man auf unmarkierten Routen unterwegs. Mit der Bundesamtskarte gibt es keine Orientierungsprobleme.

Die Route:

Vom Bahnhof Oberweiden wandert man in die Ortschaft und dann etwa 2 km auf der Straße Richtung Schönfeld. Beim zweiten Waldstreifen (Tafel „Pachtschutzgebiet des Naturschutzbundes") hält man sich links und erreicht die grasige Dünenlandschaft des Sandbergs. Ab dem Bahnhof eine Stunde.

Man quert den Dünengürtel und wandert auf einem Fahrweg in östlicher Richtung zur Bahn und weiter zu einer Ölsonde. Auf Asphalt geht es zum Ortsrand von Baumgarten und weiter ein kurzes Stück auf der Straße Richtung

Marchegg. Bei der ersten Rechtskurve hält man sich links auf einen Feldweg und gelangt zum Schutzdamm und zum Naturreservat. Gehzeit ab Sandberg eine Stunde. Nun folgt man den blauen Marken über Holzwiese und Spielmaiß zum Schloß Marchegg. Ab Beginn des Reservats eine Dreiviertelstunde.

Am östlichen Rand von Marchegg gelangt man wieder zum Damm, auf dem man bis zum Schutzgebiet Breitensee bleibt. Bei einer markanten Linkskrümmung verläßt man den Damm nach rechts und marschiert über Feldwege zum Bahnhof Marchegg. Gehzeit ab Schloß Marchegg etwa 1¼ Stunden.

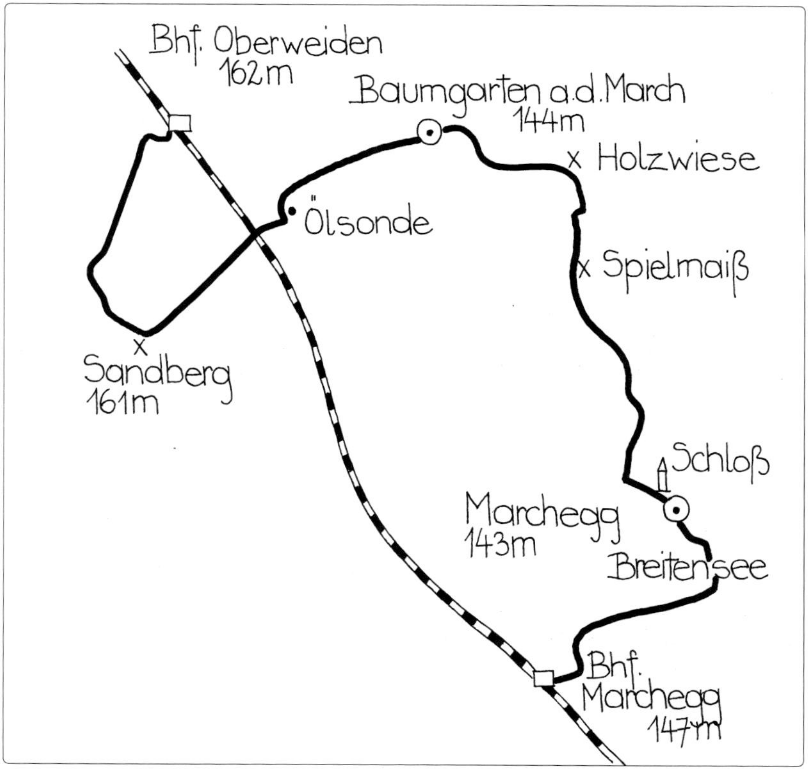

Hoch Leeven die Dur Risten

Wandern und Eisenbahn haben eine sehr enge Beziehung und eine gemeinsame Geschichte, denn vor dem Bau der Bahnen mußte man viel Zeit und Geld aufwenden, um nur einen der Voralpengipfel zu erreichen. Eine Tour von Wien auf den Schneeberg dauerte vier bis sechs Tage, was nur einem halbwegs Begüterten möglich war. Wenn man Schneeberg, Rax oder auch den Ötscher zu den Hausbergen der Wiener zählt, dann gilt das erst ab dem Zeitpunkt, da ein Schienenstrang bis in die Nähe dieser Berge führte und die Anreise auf wenige Stunden verkürzte.

Mit der Inbetriebnahme der Eisenbahn schlug meist auch die Geburtsstunde des Fremdenverkehrs, der vielen vorher sehr einschichtigen und schwer erreichbaren Ortschaften im Gebirge eine neue wirtschaftliche Grundlage schuf. Als am 3. August 1902 der Touristenverein „Die Naturfreunde" die Steiganlage durch die Johannisbachklamm eröffnete, reisten die Festgäste natürlich mit dem Zug an und marschierten dann zum Beginn der Klamm. In Greith hatten die Bauern viele mit Blumen geschmückte Tafeln errichtet, auf denen die Gäste willkommen geheißen wurden. Auf einer konnte man die Aufschrift lesen „HOCH LEEVEN DIE DUR RISTEN", was so manchem ein Lächeln entlockte, aber alle freute. Der bekannte Wiener Alpinist und Schriftsteller Willi End urteilte fast anderthalb Jahrhunderte später: „Das war bäuerlich naiv, einfach, unorthographisch – bedeutete aber doch mehr als viele große Worte!"

Kein Reise- und Wanderführer der touristischen Frühzeit vergaß den Hinweis auf die Bedeutung der Eisenbahn und der durch sie erschlossenen Möglichkeiten. Selbst im Bau befindliche oder geplante Linien fanden Berücksichtigung, als wollte der Autor bei seinen Lesern den Gusto auf künftige Wanderfreuden erwecken. Der k.k. Hofschauspieler, Topograph und Schriftsteller Dr. Carl Franz Weidmann schrieb 1852 das Buch „Der Tourist auf der Südbahn" und vermerkte darin auch die Ziele im Weichbild des Semmerings, obgleich die Bahn über den Paß erst 1854 fertig war. Im Vorwort führte er aus: „Alles vereint sich in dem Raume und Bereiche der Trace dieser Eisenbahn zu einem Ganzen ohne Gleichen. Wo die Verhältnisse es gestatten, versäume Niemand, diese Reise zu machen. Dem Jüngling wird sie eine reiche Quelle zur näheren Kenntniß eines der interessantesten Theile unseres großen gemeinsamen Vaterlandes werden, und edle Wißbegier reichlich belohnen. Dem gereiften Alter, dem Geschäftsmanne und Hausvater, bietet sie die anziehendste Erholung nach den Mühen des Geschäftslebens. Natur, Kunst und Industrie hat hier ein großes Buch aufgeschlagen, dessen Lettern Jedem lesbar, dessen Blätter jedem Alter und jedem Stande Belehrung und Genuß bieten."

Zur selben Zeit gab Melchior Edler von Schickh seine „Anleitung zur zweckmäßigsten Bereisung der Semring-Eisenbahn, von Gloggnitz bis Mürzzuschlag" heraus, und diese Bereisung mußte natürlich zu Fuß absolviert werden, denn der Schienenstrang über den Paß war noch lange nicht vollendet. Daß es dann rund 140 Jahre dauerte, bis ein durchgehender, beschilderter Wanderweg entlang der historischen Ghega-Bahn entstand, gehört zu den österreichischen Seltsamkeiten.

Später kamen über fast jede der Eisenbahnstrecken Beschreibungen mit genauen Angaben der Wanderziele, Gehzeiten etc. heraus. Man wollte den Touristen exakt informieren und ihn natürlich zu einer Fahrt mit der Bahn animieren. Der mehrbändige „Bundesbahn-Führer für Reise und Touristik" gab sich sogar amtlich-genau und führte „Zur Beachtung" an: „Zeit- und Entfernungsangaben, die in Klammern und unmittelbar vor dem den Ausflug oder die Bergfahrt bezeichnenden Schlagwort stehen, beziehen sich auf die ganze Wanderung. Auf das ‚(2½ Std.) Eiserne Tor' bedeutet somit, daß vom Ausgangspunkt bis zum Gipfel des Berges ein Zeitaufwand von 2½ Std. nötig ist. Ebenso bedeutet ‚Von Mürzzuschlag Zweigbahn nach (7 km) Kapellen und (12 km) Neuberg', daß die Entfernung von Mürzzuschlag nach Kapellen 7 km, die Entfernung von Mürzzuschlag nach Neuberg 12 km beträgt. Dagegen bezeichnen Zeit- und Entfernungsangaben, die nach der Ortsbezeichnung und ohne Klammer stehen, stets die Geh- bzw. Fahrzeit oder die Weglänge vom zuletzt bestimmten Punkten. So bedeutet ‚Von Baden S.B. durch die Braitnerstraße zur Abzweigung der Vöslauer Straße 10 Min., dann auf dieser s. zum Dörfchen Sooß 30 Min. und auf der Straße weiter nach Vöslau 20 Min.', daß auf diesem Wege von Baden nach Vöslau 10 Min. + 30 Min. + 20 Min., somit 60 Min. Gehzeit, erforderlich sind."

Ohne Bahn keine Hütten

Die Erschließung der Voralpentäler mit Bahnlinien gab dem Tourismus und Alpinismus einen enormen Auftrieb. Zwar wurden die meisten Linien durchaus nicht den Wanderern zuliebe gebaut, sondern weil man für die vielen Industrie- und Gewerbebetriebe eine günstige Transportmöglichkeit und den Anschluß an die „weite Welt" brauchte, doch profitierte naturgemäß auch der Ausflügler und Wanderer von den neuen Verbindungen. Und es entstanden sehr viele Schutzhütten, die heute noch zu den wertvollen Stützpunkten der Region zählen.

Dem Bahnbau durch das Gölsen- und Traisental beispielsweise folgte der Bau der Hütten auf Türnitzer Höger (1895), Reisalpe (1898), Hohenstein (1905), Tirolerkogel (1908) und Eisenstein (1910). Im Einzugsgebiet der 1877 gebauten Bahn durch das Piestingtal nach Gutenstein entstanden Hütten auf der Hohen Wand, auf den beiden Mandlingen und auf der Dürren Wand.

Die einmalige Landschaft des Ötschers und seiner Schluchten – Ötschergräben und Tormäuer – wurde relativ leicht zugänglich, als man die schmalspurige Steirisch-niederösterreichische Alpenbahn, später allgemein als Mariazellerbahn bezeichnet, zu Beginn des 20. Jahrhunderts in Angriff nahm. Ursprünglich wollte man den berühmten Marienwallfahrtsort in der Steiermark durch eine Verlängerung der Normalspurlinie von Kernhof nach Neuberg – mit Stichlinie nach Mariazell – erreichen, doch scheiterte das Vorhaben am Einspruch des Kaisers, der um sein Jagdgebiet bei Mürzsteg fürchtete. Im Jahre 1907 fuhr der erste, von einer Dampflokomotive gezogene Zug von St. Pölten nach Mariazell. Der Ansturm war enorm; schon im ersten Betriebsjahr zählte man 532.000 Fahrgäste, vorwiegend Wallfahrer natürlich, doch auch die Bergsteiger und Wanderer entdeckten bald die Vorzüge der neuen Verbindung. Seit der Aufnahme des elektrischen Betriebes im Jahre 1911 hat sich auf der 92 km langen Strecke wenig geändert, auch nicht die Höchstgeschwindigkeit von 50 km/h.

Die Mariazellerbahn ist die einzige Schmalspurbahn Österreichs mit einem Eilzug. Doch besonders eilig hat es dieser E 6807/6814 „Ötscherland" keineswegs, denn er braucht um ein paar Minuten länger als der Regionalzug, welcher in jeder Haltestelle seine Fahrt stoppt.

Bergbahn-Kuriositäten

Die erste Zahnradbahn der Welt, die 1870/71 in der Schweiz gebaute Vitznau-Rigi-Bahn, löste in Österreich einen Boom aus. Im Zusammenhang mit der Weltausstellung von 1873 in Wien entstanden am Rande der k.k. Haupt- und Residenzstadt gleich drei Bergbahnen: eine Zahnradbahn auf den Kahlenberg, eine Standseilbahn auf den Leopoldsberg und eine Umlauf-Standseilbahn auf die Sophienalpe.

Zwei der Bahnen, nämliche jene auf den Kahlenberg und auf die Sophienalpe, erlitten ein österreichisches Schicksal: Sie wurden erst fertig, als die Weltausstellung – übrigens eine saftige Pleite – schon längst ihre Pforten geschlossen hatte.

Längerer Bestand war nur der von Nußdorf auf den Kahlenberg führenden Zahnradbahn beschieden: Sie verkehrte von 1875 – mit einer Unterbrechung während des Ersten Weltkrieges – bis 1922. Zum Schluß beförderte sie keine Passagiere mehr, sondern nur Trinkwasser für das Josefsdörfl.

Die Umlauf-Standseilbahn vom hintersten Halterbachtal zur Sophienalpe mußte nach zwei Saisonen 1875 eingestellt werden; die Talstation nahe der heutigen Rieglerhütte war so schwer zu erreichen, daß zu wenig Leute kamen. Die Standseilbahn auf den Leopoldsberg war von 1873 bis 1875 in Betrieb, dann wurde sie von der Kahlenbergbahn AG aufgekauft und als unerwünschte Konkurrenz eingestellt.

Die Chroniken vermelden, daß die beiden Waggons der Leopoldsberg-Standseilbahn je hundert Passagiere faßten, die in drei Klassen aufgeteilt waren. Die erste Klasse – 30 Sitzplätze – hatte Fenster, die zweite – ebenfalls 30 Sitzplätze – nur Vorhänge, die 40 Fahrgäste der 3. Klasse saßen auf dem Oberdeck im Freien. Als Zubringer fungierten Franz-Josephs-Bahn und die Schiffe der Donaudampfschiffahrtsgesellschaft, für die man eine eigene Station bzw. Anlegestelle gebaut hatte. (Aus dem Abbruchmaterial der einstigen Bergstation errichtete man später die Stephaniewarte auf dem Kahlenberg.)

Die Zahnradbahn auf den Kahlenberg wieder wartete mit dreierlei Tarifen auf: Am Donnerstag, dem Nobeltag, war die Fahrt am teuersten, an Sonntagen am billigsten. Zur Jahrhundertwende stellte man den Fahrplan der Ruckerl-Zuckerl-Bahn – so wurde sie von den Wienern liebevoll genannt – auf mitteleuropäische

Zeit um, während der wichtigste Zubringer Franz-Josephs-Bahn weiter nach Prager Zeit verkehrte, die sich von der MEZ um 5 Minuten und 17 Sekunden unterschied. Bergbahnfahrten im nahen Wienerwald hatten auch eine mathematische Seite.

Die zweigleisige Kahlenbergbahn endete vorerst etliche hundert Meter vor dem Hotelrestaurant, weil man dessen Gästen die Belästigung durch Rauch, Ruß und Dampfschwaden ersparen wollte. Nur, die Gäste wollten lieber „belästigt" werden als zu Fuß zu gehen, worauf man die Bahn eingleisig bis zu dem gastronomischen Betrieb verlängerte.

Kein Geringerer als der berühmte amerikanische Schriftsteller Mark Twain, alias Samuel Longhorne Clemens („Die Abenteuer Tom Sawyers" und „Abenteuer und Fahrten des Huckleberry Finn") setzte der Flügelbahn von Liesing nach Kaltenleutgeben ein literarisches Denkmal. Er bezeichnete die 1883 eröffnete Bahn als „die langsamste aller Eisenbahnen der Welt". Twain mußte es wissen, denn er bewohnte um 1888 ein halbes Jahr eine Landvilla in Kaltenleutgeben und benutzte den Zug für die Fahrten nach Wien. Die Stichbahn hatte relativ große touristische Bedeutung, vor allem für die Wintersportler. Ab dem Jahre 1902 beförderte man auch Skier, wenn man eine Hundekarte dafür löste. In Kaltenleutgeben gab es bereits vor dem Ersten Weltkrieg einen Skiverleih; dreißig Paar Bretter standen den Anhängern des weißen Sports zur Verfügung. Im Jahre 1922 wurde der Personenverkehr eingestellt.

Die nicht gebauten

An Projektierungen für weitere Bergbahnen im Wienerwald und in den Voralpen mangelte es nicht. In den Archiven des Eisenbahnmuseums schlummert der Trassenplan einer Zahnradbahn von der Cholerakapelle auf das Eiserne Tor vulgo Hoher Lindkogel; auch das Hocheck sollte mit einer von Furth ausgehenden Zahnradbahn bedacht werden.

In „Förster's Touristenführer" liest man über Gloggnitz und dessen Umgebung: „Die Erbauung einer einschienigen Bahn nach Schottwien ist geplant; auch bestehen Projekte einer elektrischen Bahn über Maria Schutz zur Station Semmering einerseits und über Kirchberg am Wechsel zur Aspangbahn andererseits."

Die Mariazellerbahn sollte mit dem Schmalspurnetz der Steiermärkischen Landesbahnen bei Kapfenberg sowie mit der Ybbstalbahn verbunden werden; für die Waldviertler Schmalspurlinie Gmünd–Großgerungs war eine Verlängerung bis zur Donau gedacht.

All diese Vorhaben scheiterten nicht zuletzt am Geld; außerdem gab es nicht wenige, die kein Interesse an einem Siegeszug des Dampfrosses haben konnten und die Realisierung neuer Bahnen zu hintertreiben versuchten.

Schon der Bauer Polleros wollte 1849 die Semmeringbahn verhindern, weil die Trasse über einen Teil seines Grundes führte. Wenig Freude zeigten auch die Fuhrwerker und -knechte über Ghegas technisches Wunderwerk. Bis zu 200 Pferde waren damals in Schottwien stationiert, um Vorspanndienste über den Semmering zu leisten. Schon der Bau der neuen Straße um 1841 reduzierte die Zahl beträchtlich, die Bahn verbannte Tiere und ihre sicherlich nicht zimperlichen Betreuer ins Ausgedinge. Was etwa auch den Pfarrer von Schottwien freute, denn er notierte in der Chronik, seit die wüsten Burschen verschwunden seien, habe die Sittlichkeit beträchtlich zugenommen.

Anderswo war es ähnlich. Als die Bahn durch das Kamptal 1889 den Betrieb aufnahm, konnte man in der „Niederösterreichischen Presse" folgendes Inserat eines Ludwig Weinmann aus Langenlois lesen: „Wegen Eröffnung der Kamptalbahn verkaufe ich um jeden Preis: 30 Pferde jeder Gattung und für jedes Fuhrwerk geeignet, Einspänner-, Kalesch- und Wirtschaftspferde, sowie Pferde für schweres Fuhrwerk, durchwegs lammfroh und gute Zieher, ferner 30 Wägen, darunter schwere und leichte, Lad-, Fuhr- und Leiterwägen, mehrere Landauer, Phaetons und Brooms, vorschriftsmäßig gebaute Post- und Gesellschaftswägen, ein- und zweispännige Schlitten zwei- und viersitzig, eine große Anzahl Pferdegeschirre für alle Fahrzwecke und lade Kauflustige zum Besuche ein."

„Kein leerer Wahn ..."

Es überrascht nicht, daß beim hohen Stellenwert, den die Technik im 19. Jahrhundert hatte, bereits 1872 der Plan auftauchte, den Schneeberg – den höchsten Gipfel Niederösterreichs – mit einer Zahnradbahn zu erschließen. Ursprünglich sollte diese Bahn von Payerbach über die Gahns verlaufen. Die

Alpinisten liefen dagegen Sturm; der Begriff „Halbschuhtourist" war zwar noch nicht erfunden worden, aber der „Salontourist" – so die zeitgenössische Formulierung – hatte nach Ansicht der echten Bergsteiger auf der Höhe nichts zu suchen.

Die Zahnradbahn von Payerbach kam nicht, aber sehr wohl eine, die in Puchberg ihren Ausgang nahm, obzwar man im gleichen Zeitraum auch eine Bahn von Wiener Neustadt bzw. Leobersdorf an den Fuß des Schneebergs bauen mußte, um die nötige Anzahl von Passagieren zu gewährleisten. Am 15. April 1897 wurde die Normalspurbahn bis Puchberg eröffnet, am 25. September desselben Jahres die Zahnradbahn, die auf einer Strecke von 9,7 km einen Höhenunterschied von 1218 m überwindet und zur höchsten Bahnstation Österreichs führt. Bei einer Maximalsteigung von 20%, wie der Erbauer, Ingenieur Leo Arnoldi, nicht ohne Stolz kundtat.

Bei der Einweihung konnte man auf einem Transparent lesen: „Der Fortschritt ist kein leerer Wahn, es lebe hoch die Schneebergbahn!"

Die Demonstrationen blieben aus, es legte sich auch niemand – wie angekündigt – bei der Eröffnungsfahrt auf die Gleise. Arnoldi hatte nämlich bei der Bahndirektion eine 25prozentige Ermäßigung für Bergsteiger durchgesetzt. Es dauerte nicht allzulange, bis im „Spezial-Führer auf den Schneeberg" Dr. Fritz Benesch über die Zubringerstrecke nach Puchberg konstatierte: „Dieser Teil der Bahn hat für die Turistik eine große Bedeutung, indem er einige reizend schöne Gebiete erschließt, die früher von der nächstgelegenen Bahnstation nur nach mindestens 3-4stündiger eintöniger Straßenwanderung zu erreichen waren." Und dann über die Schneebergbahn ausführte: „Die Zahnradstrecke von Puchberg auf den Schneeberg dient wohl hauptsächlich der Zufuhr großer Massen von Nichtturisten, ist aber zweifelsohne besonders bis zur Haltestelle Baumgartnerhaus auch für die Turistik von Wert, da sie uns die Mühe des Anstieges durch die weniger interessante Waldregion erspart und überhaupt die kürzeste, schnellste Verbindung mit Wien herstellt. Die beiden Grafensteige ermöglichen es uns, daß wir von der erlangten Höhe des Baumgartnerhauses aus sämtliche interessanten Steige des Schneebergs ohne erhebliche Mühe erreichen können. Die glücklich gewählte Linienführung hat überdies keine nennenswerte Verunzierung des Berges zur Folge."

Das Baumgartnerhaus gibt es nicht mehr, es mußte aus Wasserschutzgründen abgetragen werden. Die Station heißt jetzt „Baumgartner", dort hält der Zug immer noch eine Weile, damit die Lokomotive Wasser aufnimmt. Die Fahrgäste stört dies überhaupt nicht, denn in der kleinen Gastwirtschaft bietet man Buchteln an – wahlweise mit Powidl oder Marillenmarmelade gefüllt –, die jeden Gedanken an eine Abmagerungsdiät im Keime ersticken.

Nicht ohne Bahn

Die ersten Pläne einer elektrischen Flügelbahn von Payerbach in die Prein – mit anschließender Zahnradbahn über das Preiner Gscheid auf die Rax – wurden 1896 publik. Erste Reaktion der Bergsteiger: Protest! 14 Jahre später holte man das Projekt wieder aus der Schublade – und erntete abermals enormen Widerstand. Die Rax solle bleiben wie sie ist, und wenn schon der Schneeberg verlorenginge, dann möge wenigstens der alpine Nachbar für die Bergsteiger reserviert sein. Knapp vor dem Ersten Weltkrieg hieß es, auf die Rax werde eine Straße gebaut, was abermals heftige und emotionelle Einsprüche zur Folge hatte.

Recht ruhig ging es zu, als in der Zwischenkriegszeit die Behörden die Bewilligung für den Bau einer Seilschwebebahn von Hirschwang auf die Rax erteilten, der ersten Bahn dieser Art in Österreich. Vom Juli 1925 bis April des folgenden Jahres arbeitete man an dem Projekt, am 28. Mai 1926 schwebten die Festgäste bei der feierlichen Eröffnung zur Höhe.

Mehr als tausend Höhenmeter in rund zehn Minuten – das war eine Aufstiegsgeschwindigkeit, die man vorher nicht annähernd zu erreichen vermochte. Die flotte, luftige Fahrt lernten keineswegs nur die „Nichttouristen" zu schätzen, sondern auch die Kletterer, die nun leicht zu den Lechnermauern und zur berühmten Preinerwand gelangten; nicht zuletzt profitierten die Skifahrer, welche ihre Kräfte für die Abfahrt durch den Kesselgraben, auf der berüchtigten „Schöller" oder gar durch den Seilbahngraben sparen konnten.

Einen vollen Erfolg bestätigte man bald darauf der Rax-Seilbahn, was kaum allein auf den Werbeslogan „In zwei Stunden von Wien im Hochgebirge" zurückgeführt werden konnte. Man muß schon in der Spezialliteratur blättern, um die Bestätigung zu finden, daß auch die Eisenbahn ihren – gar nicht geringen – Anteil am Fahrgastaufkommen hatte. Gleichzeitig mit der Eröffnung der

Rax-Seilbahn nahm auch die schmalspurige elektrische Lokalbahn Payerbach-Hirschwang die Personenbeförderung auf, nachdem sie ab 1918 nur Güter transportiert hatte. Von ihrer Endstelle Windbrücke war die Talstation der Seilbahn in ein paar Minuten zu erreichen. Sie versah bis 1963 klaglos ihren Zubringerdienst, bis sie vom rentableren Autobus abgelöst wurde.

In den Sommermonaten erwacht die „Hirschwanger" aus ihrem Schlaf, dann fahren im Museumsbetrieb auf ihren Gleisen die beiden ältesten österreichischen E-Loks, die als Herstellungsdatum 1903 aufweisen.

Die Waldbahnen

Fast völlig in Vergessenheit geraten sind die schmalspurigen Waldbahnen, welche vorwiegend dem Holztransport dienten, manchmal aber auch Personen beförderten; was den Wanderern so manche Stunde des Marsches ersparte.

In der näheren und weiteren Umgebung Wiens etwa gab es zwischen 1920 und 1937 eine Waldbahn von Rekawinkel durch den Pölsergraben zum Stiefelberg oder von 1922 bis 1926 eine Strecke von Weidling in den Rotgraben; fast zur selben Zeit eine von Purkersdorf in den Dambachgraben oder gegen Ende des Ersten Weltkrieges von Fahrafeld im Triestingtal zur Hochwiese.

Im Anschluß an die 1906 errichtete Bahn von Schwarzenau nach Martinsberg/Gutenbrunn entstand ein rund 30 km langes Netz einer Schmalspurbahn bis über Bärnkopf hinaus, mit der bis in die 30er Jahre beträchtliche Mengen Holz transportiert wurden. Zur Traktion setzte man vorerst Pferde, später auch Dampflokomotiven und benzinelektrische Loks ein. Ein erheblicher Teil der Langlaufloipen in diesem Bereich benützt heute die alten Bahntrassen.

Die Strecken der ehemaligen Reichraminger Waldbahn – die immerhin samt allen Stichlinien eine Länge von über 40 km hatte – dienen heute im Nationalpark Kalkalpen teilweise als Radwege. Von 1953 bis 1963 beförderte die Bahn rund 350.000 Festmeter Holz und an die 200.000 Personen. Am Ende des Liniennetzes entstand eine ganze Ortschaft, Weißwasser, von der heute kaum mehr etwas zu sehen ist. Radrouten verlaufen auch auf den Trassen der früheren Feistritztalbahn von Birkfeld nach Ratten und auf der Ybbstaler Waldbahn zwischen Langau und Lunz. Eine Waldbahn führte auch durch die Tormäuer und von der Oisklause im obersten Ybbstal zum Rothwald, einer der letzten – natürlich streng geschützten – Urwaldregionen in Österreich.

Auf dem Schneeberg gab es eine Waldbahn von der Haltestelle Ternitzer Hütte der Zahnradbahn zur Kaltwasserwiese und in den Frohnbachgraben, in den es heute kaum mehr einen Wanderer verschlägt. Auf der Rax war um die Mitte des 19. Jahrhunderts eine Bahn auf der Zickafahnleralm in Betrieb; ein kleiner Graben heißt bei den Einheimischen immer noch „Eisenbahngraben".

Das verrostete Wunderwerk

Im Mai 1948 ging ein „Bremsberg" – heute würde man ihn als Schrägaufzug einstufen – von der Singerin im Schwarzatal auf den Kuhschneeberg in Betrieb. Nach einem Windbruch mußte die Gemeinde Wien das Gebiet sanieren. Und da dieser Teil des Kuhschneebergs im direkten Einzugsgebiet der für die Erste Wiener Hochquellenwasserleitung sehr wichtigen Fuchspaßquelle lag, traf man besondere Vorkehrungen, um das wichtige Naß nicht zu gefährden. Man konstruierte eine „Luftbremse", um die Geschwindigkeit der holzbeladenen Wagen auf der 1536 m langen Strecke (718 m Höhenunterschied, maximales Gefälle 57,5%) zu kontrollieren. Die Energie wurde – höchst umweltfreundlich – über „Windflügel" an die Luft abgegeben.

Das technische Wunderwerk funktionierte klaglos bis 1954; dann trug man die Gleise ab, um sie für eine Waldbahn in den Fronbachgraben zu verwenden.

Man sollte meinen, daß diese „Propellerbremse" einen Ehrenplatz im Museum erhalten hat. Sie steht aber immer noch am Rande des Steilabbruchs vom Kuhschneeberg ins Höllental und rostet still vor sich hin. Über die mittlerweile schon stark verwachsene Trasse des Schrägaufzugs, vom Tal noch gut erkennbar, führt ein Teil des Schnellerwagsteiges, der aber wegen seiner Steilheit kaum begangen wird.

Der Wanderer und Bergsteiger kommt immer wieder mit Bahnbauten in Berührung, selbst dort, wo man es kaum für möglich hält.